快递员职业技能等级认定培训教材（中级）

国家邮政局职业技能鉴定指导中心　组织编写

人民交通出版社股份有限公司

北　京

内 容 提 要

本书为"快递员职业技能等级认定培训教材"之一,依据《快递员国家职业技能标准》配套开发《快递员职业技能等级认定培训教材(中级)》。本书分为三章,即快件收寄、快件派送和客户服务。通过对本书的学习,从业人员可以掌握快件收寄、特殊物品封装、问题件处理、客户开发维护等有关知识及技能。

本书可以作为快递员职业技能等级认定培训用书,也可作为技能提升培训以及相关院校学生实践操作的指导用书。

图书在版编目(CIP)数据

快递员职业技能等级认定培训教材:中级／国家邮政局职业技能鉴定指导中心组织编写. — 北京:人民交通出版社股份有限公司,2021.6
ISBN 978-7-114-17305-9

Ⅰ.①快… Ⅱ.①国… Ⅲ.①邮件投递—运营管理—职业技能—鉴定—教材 Ⅳ.①F618.1

中国版本图书馆 CIP 数据核字(2021)第 090439 号

书　　名:快递员职业技能等级认定培训教材(中级)
著　作　者:国家邮政局职业技能鉴定指导中心
责任编辑:周　宇　王海南
责任校对:孙国靖　扈　婕
责任印制:张　凯
出版发行:人民交通出版社股份有限公司
地　　址:(100011)北京市朝阳区安定门外外馆斜街 3 号
网　　址:http://www.ccpcl.com.cn
销售电话:(010)59757973
总 经 销:人民交通出版社股份有限公司发行部
经　　销:各地新华书店
印　　刷:北京市密东印刷有限公司
开　　本:787×1092　1/16
印　　张:9.5
字　　数:168 千
版　　次:2021 年 6 月　第 1 版
印　　次:2021 年 6 月　第 1 次印刷
书　　号:ISBN 978-7-114-17305-9
定　　价:50.00 元

(有印刷、装订质量问题的图书,由本公司负责调换)

快递员职业技能等级认定培训教材编审委员会

顾　　问：刘　君
主　　任：张小宁
副 主 任：王风雷　左朝君　张　慧
编审委员：焦　铮　张　敏　徐建宾　林　睿　王　孟
　　　　　肖　雷　黄　蕊　曾　毅　沈晓燕　高俊霞
　　　　　申志军　周晓丰　李淑叶

主　　编：李　栋
副 主 编：杜华云
编写人员：孙正萍　王鲁金　张瑞华

前言

邮政业是推动流通方式转型、促进消费升级的现代化先导性产业,邮政体系是国家战略性基础设施和社会组织系统,在国民经济中发挥着重要的基础性作用。党中央、国务院高度重视邮政业发展。党的十八大以来,习近平总书记多次就邮政业改革发展作出重要指示,强调要加强快递队伍建设。

为贯彻落实党中央、国务院部署要求,深入推进邮政业技能人才评价制度改革,加强快递从业人员队伍建设,2019年12月,人力资源和社会保障部、国家邮政局共同颁布了《快递员国家职业技能标准》《快件处理员国家职业技能标准》。标准的颁布填补了行业国家职业技能标准的空白,为指导快递员、快件处理员职业培训,开展职业技能等级认定,提升人员能力素质奠定了基础,提供了支撑,促进了劳动者高质量就业、行业高质量发展。

快递员和快件处理员是快递服务的主要提供者,是快递服务体系的重要支撑保障。《中华人民共和国职业分类大典(2015年版)》中新增了快递员、快件处理员、快递工程技术人员3个快递领域职业,反映了快递业快速发展的新情况和从业人员的新特点。"快递员职业技能等级认定系列培训教材"是行业首套面向快递员的培训教材,由行业企业、协会、院校等多方力量编写审校而成。教材内容依据《快递员国家职业技能标准》(以下简称《标准》),按照初级、中级、高级、技师、高级技师5个等级整体设计,重点提升快递员的服务质量和水平,突出职业技能培训特色,旨在指导快递员学习培训,开展职业技能等级认定,为提升人员职业技能和职业素质,规范快递生产作业,促进快递业安全、绿色发展提供基本遵循和参考。教材中的章对应于《标准》的"职业功能",节对应于《标准》的"工作内容",节中阐述的内容对应于《标准》的"技能要求"和"相关知识"。

  教材在编写过程中,山东工程技师学院的专家、学者承担了教材有关内容的具体编写任务;相关省(区、市)邮政管理局和快递协会对教材的编写给予了大力支持;菜鸟网络科技有限公司、顺丰速运有限公司、圆通速递有限公司、申通快递有限公司、中通快递股份有限公司、中外运-敦豪国际航空快件有限公司等多家快递企业为教材的编写提供了帮助,在此一并表示衷心感谢!由于时间及编者水平所限,书中难免存在不当之处,请广大读者批评指正并提出宝贵意见。

国家邮政局职业技能鉴定指导中心

2021 年 5 月

目录

第一章　快件收寄 ………………………………………… 001

第一节　收寄前准备 ……………………………………… 001
一、国内快件收寄流程 …………………………………… 001
二、国内快件重量、规格与运输 ………………………… 003
三、收寄前业务准备及工具、设备的检查 ……………… 004
四、国际快件收寄准备 …………………………………… 008
五、疫情防控检查 ………………………………………… 011

第二节　收寄指导 ………………………………………… 016
一、快递合同 ……………………………………………… 016
二、快件包装 ……………………………………………… 021
三、快件查询、更址、撤回及索赔 ……………………… 037
四、逆向快件的收寄 ……………………………………… 047
五、国际快件收寄指导 …………………………………… 048

第三节　收寄验视 ………………………………………… 050
一、收寄验视概述 ………………………………………… 050
二、快件安全协议 ………………………………………… 052
三、国内快件常见禁寄物品 ……………………………… 054
四、国际快件禁限寄规定 ………………………………… 060
五、常见寄递物品中英文名称 …………………………… 063

第四节　快件封装与计费 ………………………………… 066
一、不规则物品的封装 …………………………………… 066

二、易碎、密封包装液体物品的封装 …………………………… 073

　　三、国际快件资费计算 …………………………………………… 078

　　四、常见国家及其首都的中英文名称及缩写、电话区号和邮政
　　　　编码格式 ……………………………………………………… 080

　　五、港澳台快件收寄及英文名称、缩写和航空代码 …………… 083

　　六、国际快递运单的填写 ………………………………………… 084

　第五节　收寄后处理 ………………………………………………… 087

　　一、国际快递单证的处理 ………………………………………… 087

　　二、限时快件的处理 ……………………………………………… 088

　　三、保价快件的处理 ……………………………………………… 088

　　四、禁限寄物品处理要求 ………………………………………… 089

第二章　快件派送 …………………………………………………… 090

　第一节　派前准备 …………………………………………………… 090

　　一、国内快件派前准备 …………………………………………… 090

　　二、国际快件派前准备 …………………………………………… 093

　　三、国际快件英文名址推译 ……………………………………… 096

　　四、国际快件关税收取方式 ……………………………………… 096

　　五、特殊快件的交接 ……………………………………………… 097

　　六、派前防护措施 ………………………………………………… 099

　第二节　派送服务 …………………………………………………… 101

　　一、派送服务流程 ………………………………………………… 101

　　二、派送服务注意事项 …………………………………………… 104

　　三、接驳派送 ……………………………………………………… 106

　　四、派送段路线设计 ……………………………………………… 107

　　五、特殊快件的派送 ……………………………………………… 114

　　六、智能快件箱操作 ……………………………………………… 117

　第三节　派送后处理 ………………………………………………… 121

　　一、派送信息复核 ………………………………………………… 121

　　二、无法派送快件处理 …………………………………………… 124

三、单据整理及款项移交 …………………………………… 126

四、派送环节客户投诉处理 ………………………………… 127

第三章 客户服务 …………………………………………………… 129

第一节 客户开发 ………………………………………………… 129

一、快递客户的特点 ………………………………………… 129

二、快递客户分类 …………………………………………… 130

三、快递客户需求 …………………………………………… 131

四、快递客户需求类别分析 ………………………………… 133

第二节 客户维护 ………………………………………………… 134

一、快递客户维护概述 ……………………………………… 134

二、快递客户信息采集原则 ………………………………… 134

三、快递客户回访 …………………………………………… 135

四、快递客户投诉处理 ……………………………………… 137

五、快递客户投诉处理要领 ………………………………… 140

六、客户投诉处理的通报与训练 …………………………… 141

参考文献 …………………………………………………………… 142

第一章
快件收寄

第一节 收寄前准备

一、国内快件收寄流程

(一)收寄流程的概念

收寄流程,是指快递员从客户处收取快件的全过程,包括对寄件人进行实名认证,对快件进行验视、包装、称重计费,填写运单和款项交接等环节。收寄是客户与快递企业、物流揽收部门或邮政企业发生业务联系的开始环节,是整个物品全程寄递过程的开始。它的工作质量直接决定了后续分拣封发、运输、派送等环节的作业质量。收寄以上门收寄及营业场所收寄两种方式为主。

上门收寄,是指快递员接收到寄件人寄件信息后,在约定时间内到达寄件人处按作业规范收取快件,并将快件统一带回快递收寄处理点,完成快递信息上传、快件及款项交接的全过程。

营业场所收寄,是指寄件人主动前往快递营业场所寄递快件,营业人员对寄件人进行实名认证,对快件进行验视、包装,称重计费,指导寄件人下单,并完成快递信息上传、快件及款项交接的全过程。

除以上两种收寄方式外,寄件人还可以通过智能快递柜等第三方进行寄件。

(二)上门收寄流程

在快件收寄的两种方式中,上门收寄以便捷、灵活见长;营业场所收寄则以营业场所固定为特色。两种方式的工作流程有许多相似之处,但上门收寄的工作环节更多,要求也更高;而智能快递柜寄件主要针对一些自我学习能力较强的年轻客户,通过快递柜手机应用（App）注册、下单，自主完成寄件。上门收寄流程如图1-1所示，上门收寄流程说明见表1-1。

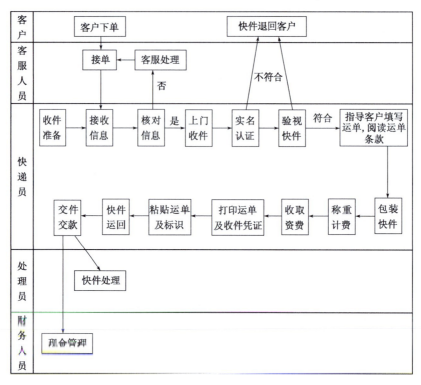

图 1-1 上门收寄流程图

上门收寄流程说明　　　　　　　　　　　　　表 1-1

序号	流程活动	流程活动说明
1	收件准备	准备好需要使用的操作设备、物料（用品、用具）、单证等
2	接收信息	接收客户寄件需求的信息。接收方式有：快递企业客服人员通知、客户直接致电、客户通过信息系统（网站、App、微信等）下单
3	核对信息	检查寄件需求的信息。寄件人地址超出快递员的服务范围或信息有误，须及时反馈给客服人员
4	上门收件	提前电话联系寄件人，在约定时间内到寄件人指定处收取快件
5	实名认证	对寄件人进行身份认证，对人证不符的不予收寄
6	验视快件	识别快件的重量和规格是否符合规定。如超出规定则建议客户将快件分成多件寄递，若客户不同意则礼貌地拒绝接收
		验视内件是否属于禁止或限制寄递的物品。属于禁止寄递或超出限制寄递要求的，则礼貌地拒绝接收，并及时向公司相关部门报告违法禁寄物品情况

续上表

序号	流程活动	流程活动说明
7	检查已填运单	客户如事先已经下单,检查填写内容是否完整、翔实并符合要求
	指导客户下单	客户尚未下单,正确指导客户通过公司App、微信、支付宝等方式下单
8	告知阅读运单条款	告知客户阅读并同意运单背书条款或者电子运单契约条款
9	包装快件	指导或协助客户使用规范包装物料和填充物品包装快件,使快件符合运输的要求,保证寄递物品安全
10	称重计费	对包装完好的快件进行称重,计算快件资费,将计费重量及资费分别填写在运单的相应位置
11	收取资费	确认快件资费的支付方和支付方式(现结、记账)。客户选择寄付现结则收取相应的资费;客户选择寄付记账,则须在运单账号栏注明客户的记账账号
12	打印运单及收件凭证	打印客户运单以及寄件凭证
13	粘贴运单及标识	按照粘贴规范,将运单、标识等粘贴在快件的相关位置
14	快件运回	将收取的快件在规定时间内运回收寄处理点
15	交件交款	复核快件包装和运单内容,确认无问题后交给收寄处理点的处理人员;并将当天收取的现金款项上交公司财务

二、国内快件重量、规格与运输

(一)快件重量

《快递服务》(YZ/T 0128—2007)对快件重量的规定为:国内单件快件不宜超过50千克。快件一般以单件、小件为主,但是有时也会出现大重量、大体积的快件。

(二)快件规格

根据《快递服务》(YZ/T 0128—2007)的规定,快件的单件包装规格任何一边的长度不宜超过150厘米,长、宽、高三边长度之和不宜超过300厘米。不同运输方式对快件规格的要求也有所不同。

1. 发运航空快件的规格

由于各航空公司运输快件的机型各不相同,对快件的要求也不尽相同。一般来说,非宽体飞机载运的快件,每件快件重量一般不超过50千克,体积一般不超过40厘米×60厘米×100厘米。

2. 发运铁路快件的规格

（1）单件快件的体积以适于装入客运列车行李车厢为限，但是根据《铁路货物运输规程》规定：按零担托运的货物，一般体积不得小于0.02立方米（一件重量在10千克以上的除外）。

（2）铁路货车车厢的规格为长15.5米、宽2.8米、高2.8米，快件的体积不得超出车厢的规格，确定铁路运输快件最大尺寸的同时还须考虑车门的尺寸。

3. 发运公路快件的规格

快件公路运输通常都是使用货车，各运输环节根据货量大小选择不同吨位的货车，确定快件尺寸规格时须考虑与货车规格相匹配。

（三）快件运输

1. 航空运输

航空运输适用于长距离快件运输，当运输距离超过1000公里时，一般适宜使用航空运输。航空运输具有速度快、安全性好、破损率低等优点；缺点是易受天气因素影响、费用高、运量小。

2. 公路运输

公路运输适用于中短途运输，当运输距离小于1000公里时，一般适宜使用公路运输。公路运输具有机动灵活、简单方便等优点；缺点是载重量小、成本高等。

3. 铁路运输

铁路运输适用于中长途运输，当距离超过800公里时，适宜使用铁路运输。铁路运输具有运输量大、费用低廉，不易受天气影响等优点；缺点是运输速度相对较慢，且运输目的地易受铁路线路的限制，组织不灵活。

三、收寄前业务准备及工具、设备的检查

（一）业务准备

（1）快递员上门收寄前，应认真开好班会，听取班组长布置的任务及当日收件注意事项。

（2）查看营业场所内的宣传公告栏，有无最新的通知，比如当天的天气及交通情况、

收件路线的更改、企业的最新业务要求等。

(3)通过手持终端下载收件信息,并检查收件地址是否都在自己的区域内,如有超区件及时与客服人员联系。

(二)运输工具检查

目前常见的收件运输工具有电动三轮车、汽车等,出行前应做好运输工具的检查。确保运输工具工作状态良好,是实现人身安全、快件安全以及高效收派件必不可少的一项前期工作。

1. 电动三轮车检查要点

(1)检查轮胎气压,气压不足及时充气。气压充足可以降低轮胎与道路的摩擦力;气压不足时电动车骑行费力,消耗电能增多,续行里程缩短。

(2)车把转向是否可靠,前、后制动器是否灵敏,整车螺栓是否松动,链条、飞轮是否需要加润滑油,确保行车安全。

(3)电池盒的插座、充电器的插头是否松动,电池盒是否锁好,电量是否充足。

(4)配套工具及附件是否备齐。

2. 汽车检查要点

(1)车辆外观。查看有无明显破损,有无影响安全的漏洞,四门能否关牢、锁死。

(2)车辆内部。查看车厢内是否清洁,防止污染快件。

(3)行车安全。查看轮胎的胎面是否有鼓包、裂纹、切口、刺穿、过分磨损等情况;检查制动系统,观察制动距离是否正常;检查发动机运转是否良好,火花塞点火是否正常;检查机油、制动液、冷却剂是否足量。

(4)检查车辆的各种铰接零件有无松动,车辆的照明灯、信号灯、喇叭、门锁、玻璃升降器手柄是否能正常使用。

(5)配套工具。检查随车的简单修理工具、备用轮胎等是否齐全。

(三)移动扫描设备的检查

快递领域中常见到的移动扫描设备,是快递员在收派件服务时用于采集快件信息的终端设备。市面上各种数据采集器种类、型号繁多,但其主要功能和构造相差不大,在使用前需检查的要点及保养常识如下。

1. 手持终端检查要点

(1)电量是否充足,如果电量不足,一般会自动提示;

(2)是否打开条码识别功能;

(3)是否能正常读取条码信息;

(4)按键是否灵敏、正确;

(5)显示屏是否正常显示扫描信息;

(6)采集器通信接口是否清洁、有无杂物;

(7)运行程序和速度是否正常;

(8)采集器能否实时上传数据;

(9)历史数据是否已经上传且删除。

2. 日常维护与保养知识

(1)避免剧烈摔碰、挤压,远离强磁场;

(2)注意防潮、防湿,通信口避免杂物进入;

(3)电池电力不足时,手持终端将会提示,应及时充电;

(4)当用户程序不能正常运行时,应重新设置系统程序及应用程序;

(5)不要擅自拆卸机器,若出现故障应与公司相关人员联系。

(四)证件准备

证件包括个人证件和车辆营运证。个人证件是向客户证明身份的证件,主要包括工牌(工作证)、居民身份证、驾驶证等。

(五)其他物品的准备

出行收件前,快递员应携带足够的工作用具和包装材料,如运单打印纸、运单打印机、手推车、包装箱、名片、专用双肩背包、单肩挎包、通信设备、书写用笔、各式单证、零钱、介刀、便携式电子秤、卷尺、胶带、绑带、雨披、雨布等,如图1-2所示。

物 品 名 称	物 品 说 明	示 例 图 片
运单打印纸	用于填写快件信息	

图 1-2

物品名称	物品说明	示例图片
运单打印机	用于打印快递电子运单	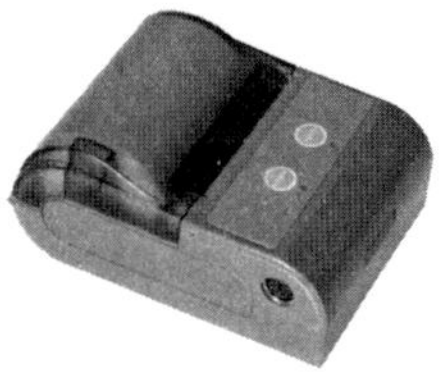
手推车	用于收派快件	
胶带	用于快件的封箱	
包装箱	用于快件的包装	
背包或挎包	用于文件类、小包裹类快件的集装	

图 1-2

物品名称	物品说明	示例图片
便携式电子秤（内置卷尺）	快递员随身携带，用于计量快件重量或体积	
介刀	快递员日常收派件使用	

图 1-2　工作用具和包装材料

四、国际快件收寄准备

(一) 国际快件分类

国际快递业务与国内快递业务相比，流程大致相同，都要经历快件收寄、分拣、转运、派送等基本过程，但是因为国际快递业务在运输过程中需要经过进出境环节，所以在进出境的过程中应当遵守各个国家进出境的相关法律和要求。目前，世界各国都设置海关机构，代表国家在进出境环节实施监督管理。国际快递业务在进出境过程中需要受到海关的监督，所以与国内快递业务相比，国际快递业务增加了通关环节。

通关又叫清关、结关，是指海关对快递企业呈交的单证和快件依法进行审核、查验、征收税费、批准进口或出口的全部过程。主要包括快件的申报、查验、征税、放行等环节。

国际快递服务是指寄件地和收件地分别在中华人民共和国境内和其他国家或地区(香港、澳门、台湾地区除外)的快递服务，以及其他国家或地区(香港、澳门、台湾地区除外)间客户相互寄递但通过中国境内经转的快递服务。国际快递服务中寄递的快件简称"国际快件"。例如：从中国发送至美国、韩国、英国等国家的快件都属于国际快件。

根据中华人民共和国海关总署令 2006 年第 147 号(《海关总署关于修改〈中华人民共和国海关对进出境快件监管办法〉的决定》)，将进出境快件分为文件类、个人物品类和货物类三类。

文件类进出境快件是指法律、法规规定予以免税且无商业价值的文件、单证、票据及资料。

个人物品类进出境快件是指海关法规规定自用、合理数量范围内的进出境旅客分离运输行李物品、亲友间相互馈赠物品和其他个人物品。

货物类进出境快件是指文件类、个人物品类以外的快件。

(二)国际快件收寄单证

国际快件在寄递过程中,需要根据海关的相关规定,准备相应的资料。如运单、发票、报关单等。

1.国际快递运单(图1-3、图1-4)

图1-3 国际快递运单样例一

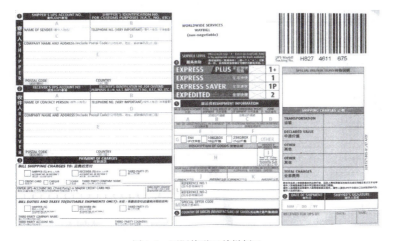

图1-4 国际快递运单样例二

2. 形式发票(图1-5)

形式发票

Proforma Invoice

收件人：
Consignee: _____
公司名称：
Company Name: _____
地址：
Address: _____
城市/地区号：
Town/Area Code: _____
州名/国家：
State/Country: _____

运单号：
Airbill No.: _____
承运人：
Carrier: _____
重量：
Weight: _____
体积：
Dimensions: _____
电话/传真：
Phone/Fax No.: _____

详细的商品名称 Full Description of Goods	海关税则编码 Harmonised Commodity Code	生产厂商 Manufacturer	数量 No. of Items	单价 Item Value	报关总价 Total Value for Customs

本人认为以上提供的资料属实和正确，货物原产地是_____
I declare that the above information is true and correct to the best of my knowledge and that the goods are of _____ origin.
出口理由：
Reason for Export:
签　名：　　　　　　　　　　　　　　　　　　　　　　公章：
Signature:　　　　　　　　　　　　　　　　　　　　　Stamp:

图1-5　形式发票样本

3. KJ1 报关单

文件类进出境快件报关时,运营人应当向海关提交"中华人民共和国海关进出境快件 KJ1 报关单"(图1-6)、总运单(副本)和海关需要的其他单证。

4. 个人物品申报单

个人物品类进出境快件报关时,运营人应当向海关提交"中华人民共和国海关进出境快件个人物品申报单"(图1-7)、每一进出境快件的分运单、进境快件收件人或出境快件发件人身份证件复印件和海关需要的其他单证。

5. KJ2 报关单

货物类进境快件报关时,对关税税额在《中华人民共和国进出口关税条例》规定的关税起征数额以下的货物和海关规定准予免税的货样、广告品,应提交"中华人民共和国海关进出境快件 KJ2 报关单"(图1-8)、每一进境快件的分运单、发票和海关需要的其他单证。

6. KJ3 报关单

货物类进境快件报关时,对应予征税的货样、广告品(法律、法规规定实行许可证件管理的、需进口付汇的除外),应提交"中华人民共和国海关进出境快件 KJ3 报关单"(图1-9)、每一进境快件的分运单、发票和海关需要的其他单证。

货物类出境快件报关时,运营人应按以下情形分别向海关提交报关单证:对货样、广告品(法律、法规规定实行许可证件管理的、应征出口关税的、需出口收汇的、需出口退税的除外),应提交"中华人民共和国海关进出境快件 KJ2 报关单"、每一出境快件的分运单、发票和海关需要的其他单证。

五、疫情防控检查

1. 岗前检查

检查快递员上岗前工作服、口罩、手套和手消毒剂等个人防护用品的数量和质量,以及个人体温测量上报情况。如出现体温异常,应报告单位并及时就医。

2. 营业场所检查

制定疫情防控工作制度,检查作业场所和各类用品用具通风、消毒等防控措施是否到

中华人民共和国海关
进出境快件 KJ1 报关单

报关单编号：

运营人名称：		进/出口岸：	运输工具航次：	进/出口日期：	总运单号码：	
序号	分运单号码	名称	件数	重量（千克）	收发件人名称	验放代码

海关申报的上述货物为《中华人民共和国海关对进出境快件监管办法》中的文件类范围内的货物，

本运营人保证： 年 月 日向海关申报的上述事实和合法性向你关负法律责任。

（运营人报关专用章） 报关员： 申报日期：

以 下 海 关 填 写

经办关员： 日期：	查验关员： 日期：
海关签章：	

图 1-6 中华人民共和国海关进出境快件 KJ1 报关单

中华人民共和国海关
进出境快件个人物品申报单

报关单编号：

运营人名称：　　　　进/出口岸：　　　　运输工具航次：　　　　进/出口日期：　　　　总运单号码：

序号	分运单号码	物品名称	价值（RMB）	件数	税率	税额	收/发件人姓名	国别/地区	证件号码	验放代码

本运营人保证：　　　年　　月　　日间 海关申报的上述物品为《中华人民共和国海关对进出境快件监管办法》中的个人物品类范围内的物品，并就申报的真实性和合法性应向你关负法律责任。　　报关员：　　　申报日期：
（运营人报关专用章）

以　下　由　海　关　填　写

海关签章：　　　　经办关员：　　　　日期：　　　　查验关员：　　　　日期：

图 1-7　中华人民共和国海关进出境快件个人物品申报单

中华人民共和国海关进出境快件KJ2报关单

报关单编号：					
运营人名称：		进/出口岸：	运输工具航次：	进/出境日期：	总运单号码：
序号	分运单号码	货物名称	价值（RMB）	重量（千克）	件数	收/发件人名称	验放代码

本运营人保证：年 月 日向海关申报的一二宗货物为《中华人民共和国海关对进出境快件监管办法》中的关税税额在关税起征数额以下的进境货物和海关规定免税的进境货样、广告品或出口货样、广告品，并就申报的真实性和合法性向海关负法律责任。
（运营人报关专用章） 报关员： 申报日期：

以下由海关填写

查验关员： 日期：

海关签章： 经办关员： 日期：

图1-8 中华人民共和国海关进出境快件KJ2报关单

中华人民共和国海关
进出境快件 KJ3 报关单

报关单编号：

运营人名称：　　　　　　进/出口岸：　　　　　　运输工具航次：　　　　　　进/出境日期：　　　　　　总运单号码：

序号	分运单号码	经营单位	货物名称	价值（RMB）	重量（千克）	件数	商品编号（HS）	关税税率	关税税额	增值税税率	增值税税额	消费税税率	消费税税额	收发件人名称	验放代码

本运营人保证：　　　年　　月　　日向海关申报的上述货物为《中华人民共和国海关对进出境快件监管办法》中的应予征税的进境货样、广告品，并就申报的真实性和合法性向你关负法律责任。

（运营人报关专用章）　　　报关员：　　　　　　申报日期：

以 下 由 海 关 填 写

海关签章：

经办关员：　　　　　　查检关员：　　　　　　日期：

图 1-9　中华人民共和国海关进出境快件KJ3报关单

位。对不易通风的区域、多人接触使用的物品,要勤于消毒,并在明显位置张贴"已消毒"标识,注明消毒日期和时间。各类消毒用品应当在安全、阴凉、通风处分类单独储存,并且远离电源或火源。营业场所要经常通风换气,提供流动水洗手设施和洗手液等洗涤用品。加强员工宿舍管理,控制入住人数,固定床位,避免拥挤,做好通风消毒等工作。

3. 人员管理

加强快递员日常监督管理,督促指导落实个人防护用品、手卫生等防控措施。每日监测和登记员工健康状态,坚持测量体温,如发现有身体不适,应及时安排就医。加强外来人员管理,对于进入应当佩戴口罩的密闭式生产作业场所的用户等外来人员,应当提示其正确佩戴口罩。对外营业场所应当提示用户等外来人员在店内注意保持1米以上距离,减少交谈和接触。应用信息化管理手段,全员使用"通信大数据行程卡""防疫健康码"等手机软件工具。

4. 快件防疫

所有快件(特别是国际快件)外包装均应按要求消毒,按照外包装粘贴的提示,佩戴一次性手套和口罩,避免用手直接接触,收取快件后及时洗手,洗手前双手不触碰口、眼、鼻,及时对内件进行消毒。

第二节 收寄指导

一、快递合同

(一)合同的基本知识

1. 合同的概念

合同是平等主体的自然人、法人、其他组织之间设立、变更、终止民事权利义务关系的协议。合同和协议虽然名称有所区别,但是在实际使用或诉讼中,并没有本质上的区别,快递合同或快递协议都是在快递过程中客户与快递企业签订的,具有法律效力的约定文本。

2. 合同的法律特征

(1)合同是平等的民事主体之间的协议;

(2)合同是一种民事法律行为；

(3)合同以设立、变更或终止民事权利义务关系为目的；

(4)合同是双方或多方的民事法律行为。

3. 合同的成立与生效

合同有效成立的5个条件：

(1)双方当事人应具有实施法律行为的资格和能力；

(2)当事人应是在自愿的基础上达成的意思表示一致，采取欺诈、胁迫手段订立的合同无效；

(3)合同的标准和内容必须合法；

(4)合同双方当事人必须互为有偿；

(5)合同必须符合法律规定的形式。

4. 快递合同的类型

快递企业使用的合同类型主要是格式合同。格式合同是指全部由格式条款组成的合同，也称定式合同、标准合同、附从合同。如果合同中只有部分是以格式条款的形式反映出来的，则称之为普通合同中的格式条款。

《中华人民共和国民法典》第四百九十六条规定："格式条款是当事人为重复使用而预先拟订，并在订立合同时未与对方协商的条款"。快递合同属于典型的格式合同。为规范快递服务，维护消费者的合法权益，2008年8月18日，国家邮政局、国家工商行政管理总局联合发布了《国内快递服务合同》示范文本。它的发布有利于引导快递企业按照有关要求，明确企业与用户双方的权利和义务，使合同条款做到公平合理、准确全面。

快递企业制定服务格式合同，其条款应符合法律规定，体现公平、公正的原则，文字表述应真实、简洁、易懂。《国内快递服务合同》示范文本由国内快递服务协议、国内快递运单两大部分组成。

5. 国内快递服务协议

(1)快递运单是协议的组成部分。协议自寄件人、快递企业收寄人员在快递运单上签字或盖章后成立。

(2)快递企业依法收寄快件，对信件以外的快件按照国家有关规定当场验视，对禁寄物品和拒绝验视的物品不予收寄。向寄件人提供自快件交寄之日起一年内的查询服务。

(3)寄件人不得交寄国家禁止寄递的物品,不得隐瞒交寄快件的寄递物品状况,应当依照相关规定出示有效证件,准确、工整地填写快递运单。

(4)快递企业在服务过程中造成快件延误、毁损、灭失的,应承担赔偿责任。双方没有约定赔偿标准的,可按照相关法律规定执行。既无约定也无相关法律规定的,按照快递服务标准规定执行。快递企业有偿代为封装的,承担因封装不善造成延误、毁损、灭失的责任。

(5)寄件人违规交寄或填单有误,造成快件延误、无法送达或无法退还,或因封装不善造成快件延误、毁损、灭失的,由寄件人承担责任。

(6)快递企业可以与寄件人约定送达时间,没有约定的按照快递服务标准规定。快递企业将快件送达收件人,登记收件人有效证件号,经收件人签章,视为送达。收件人是单位的,由单位收件人员签章,加盖该单位收发章,视为送达。

(7)免责事由从法律法规规定,未尽事宜可由协议双方另行商定。

(二)快递合同种类

目前快递合同种类较多,主要包括以下几种类型:快递运单、记账结算协议、代收货款协议、批量折扣协议等。

1.快递运单

快递运单,是快递企业用来详细记录快件信息的单据,它不仅是快件信息的载体,而且还是快递企业和客户之间的建立运输关系的契约和凭证。在快递企业和寄件人未曾签订运输合同的情况下,快递运单成为双方在出现矛盾后解决问题的依据。快递员在客户寄件前要告知客户条款内容,并要求本人在运单上签字确认;否则,此合同视为无效。

1)寄件人的责任和义务

(1)寄件人不得交寄国家禁止寄递的物品;

(2)寄件人不得隐瞒交寄快件的寄递物品状况;

(3)依照相关规定出示有效证件;

(4)准确、工整地填写快递运单。

2)快递企业的责任和义务

(1)快递企业依法收寄快件,对信件以外的快件按照国家有关规定当场验视;

(2)对禁寄物品和拒绝验视的物品不予收寄;

(3)向寄件人提供自快件交寄之日起一年内的查询服务;

（4）贵重物品提醒客户保价。

3）免责条款

快递企业在服务过程中造成快件延误、毁损、灭失的，应承担赔偿责任。但并非所有情况下的损失都由快递企业承担责任，快递企业免责条款主要包括以下几个方面：

（1）快递企业对因不可抗力所造成的快件运送延误、遗失、毁损。

（2）因寄件人违规交寄或填单有误，造成快件延误、无法送达或无法退还。

（3）超出受理索赔期限的。

4）索赔期限

因快件的延误、丢失、损毁或短少等需要索赔的，应当自该快件寄出之日起，同城快件经过 3 个日历天后一年之内，内地及港澳快件经过 7 个日历天后一年之内，国际及中国台湾地区快件经过 10 个日历天后一年之内，由该票件的寄件人向快递企业提出索赔申告，提出索赔申告时，运费必须已经付清并且能够提供该票件的原始寄件凭证，逾期后快递企业可不再受理。

5）赔偿标准

快递企业在服务过程中造成快件延误、损毁、丢失的，应承担赔偿责任。对于快件丢失的赔偿标准主要有：

（1）购买保险或保价快件的，按照保险或保价金额进行赔偿。

（2）对于未购买保险或保价的快件，依据邮政法、民法典等相关法律规定赔偿。

（3）造成用户其他损失的，按相关民事法律规定赔偿执行。

目前，随着电子商务平台和快递企业信息化的飞速发展，电子运单已逐步取代纸质运单，但电子运单跟纸质运单一样具有相同的法律效力和作用。

2. 记账结算协议

记账结算协议是指客户和快递企业之间签订的，由客户在约定的付款时间和周期内向快递公司拨付资费的协议，有的企业以自然月为周期向客户收取资费，所以有的企业也称记账协议为月度结算协议。

快递企业在考虑与客户签订记账结算协议的时候，应当仔细了解该客户的一些经营情况和诚信情况，以免签订记账结算协议后，因客户信用问题或是因经营不善导致营业款无法收回，给企业造成经济上的损失。记账结算协议签订的流程如下：

（1）设立签订协议标准。

首先了解此客户每月的发件数量，一般快递企业要制定一个标准。如某客户每月的发件数量仅为几票,且运费的金额也在企业规定的范围以外,快递企业就没有必要和此客户签订记账协议,如不设立标准,所有的客户都来申请记账结算,不仅会给快递企业带来资金风险,而且会导致企业资金流转不畅,影响快递企业的正常运转。

(2)收集客户相关资料。

在与客户签订记账结算协议前,首先要对此公司有相应的了解,用来判断是否可以与此客户建立记账结算的关系。快递企业收集的材料根据客户群体的不同,所需要的具体资料也有所不同。快递企业通常将客户分个人客户、公司客户。

①个人客户准备的资料包括身份证复印件、户口本复印件、客户从事的行业信息、客户的经营地址等。

②公司客户准备的资料包括公司营业执照副本复印件、公司税务登记证、组织机构代码证复印件、主要联系人的身份证复印件、公司财务(对账)人员姓名、电话通讯录、客户从事的行业信息、客户的经营地址等。

(3)电话核实相关信息。

快递企业为保证快递员所采集的信息准确、无误,也为进一步避免因冒用或是使用虚假资料而产生风险,快递企业需对采集的信息进行审核,审核的内容包括再次询问客户提交资料内容是否属实,客户公司是否申请记账结算业务。

(4)审核客户提交的相应复印件。

首先要查阅客户提供的相关资料是否在有效期内,然后再查阅资料是否齐全。

(5)签订记账结算协议。

在客户资料审核无误之后,即可签订记账结算协议。

3.代收货款协议

在现有快递服务基础上,按照寄件人客户(卖方)与收件人客户(买方)达成交易协议的要求,为寄件方客户提供快捷的快件(商品)专递,同时代寄件方客户向收件方客户收取货款的服务。

代收货款协议的基本内容包括协议双方的责任和义务,快件的递送相关要求,返款周期及服务费率说明,快件在派送过程中相关问题、责任说明,代收货款服务费率说明等。

4.批量快件折扣协议

批量快件是指客户因工作或是业务需要,将较多数量的快件在同一时间或是某一时间段集中发送的快件的统称。例如:房地产开发商在交房时批量发送的验房通知单,或是临近节假日企业赠送给客户的礼品等。

因批量快件的发送给快递企业减少了人力、运力、财力等相关费用,且增加了企业的业务收入,一般客户在发送快件的时候都会要求快递企业给予折扣。

批量快件折扣协议的基本内容包括折扣信息和约定信息。折扣信息是客户与快递企业商定的具体折扣信息;约定信息是客户发送快件时对快件签收有特殊要求的信息。例如:必须本人签收,或是在签收时候查验并登记身份证号等操作。

(三)快递合同签订注意事项

在快递企业开展业务期间,因业务开展需要签订一些合同,比如结算方式中的记账结算协议。如客户和快递企业使用记账的方式结算运费,则首先要与快递企业签订相关的协议。在签订协议的时候,如果不了解相关内容,则可能会导致较大的风险;因此签订协议需要注意以下内容:

(1)审查对方的真实身份、诚信意愿和履约能力。
(2)保证合同签订形式适当和重要条款完备。
(3)审查合同订立手段和内容是否合法。

合同订立手段如果不合法或约定内容不合法,将会直接导致合同无效。导致无效合同行为一般分为以下几种:

①欺诈行为;
②胁迫行为;
③恶意串通,损害国家、集体或第三者利益;
④以合法形式掩盖非法目的;
⑤违反法律、行政法规的强制性规定。

二、快件包装

包装是指按一定技术方法,采用包装材料及辅助物等将物品进行包封,并予以适当的封装和标志的工作。包装在快件运输、中转的过程中可以起到保护寄递物品、方便操作的作用。在快递过程中,虽然客户选择发运的快件大小各异、规格无法统一,但大部分客户寄递的快件还是有规律可循的。所以,快递企业应预先准备客户在寄递快件过程中所使用的包装材料和填充物品。

快件的包装是否符合运输要求,对保证快件安全、准确、迅速地传递起着极为重要的作用。尤其是易碎物品和不规则物品,如果包装不妥,不但快件本身容易损坏,而且还会导致其他快件受到损坏,甚至会给快递工作人员带来伤害。判断包装是否牢固和符合运输要求,主要依据包装后的快件是否能经受长途运输和正常碰撞、摩擦、震荡、压力以及气候变化而不致损坏。因此,一定要按照快件性质、大小、轻重、寄递路程以及运输情况等,选用适当的包装材料对快件进行妥善包装。

【案例 1-1】

不规范包装的后果

张先生的弟弟在外地上大学,五一过后,弟弟由于急于返校,匆忙中忘记携带手机,于是弟弟给张先生打电话请哥哥将手机寄给他。在联系了快递公司后,不经常使用快递业务的张先生担心手机在运输途中被压坏,于是用多张报纸对手机进行了缠绕,缠绕后将手机装进了一个纸盒。大约一小时,某快递公司的快递员来到了张先生的办公室,快递员取走了快件。

几天后,张先生接到了弟弟的电话,说手机屏幕坏了。

案例分析:手机本身属于易碎物品,易碎物品的包装应首先选用海绵或气泡纸等具有缓冲作用的填充材料包裹后,放入质地坚硬的包装盒,起到保护快件的作用。报纸本身质地脆硬,缠绕手机后,起不到缓冲的作用,所以用报纸包装的物品在外力的挤压或是撞击下容易损坏。

通过以上案例我们可以看出,正确包装快件的重要性。因此,快递员在收取快件时,应对快件包装进行检查,并对不规范的包装及时提出合理的建议。为了避免快件因包装不当出现损坏,快件在包装过程中要遵循一定的原则。

(一)快件包装的原则

1. 适合运输原则

快件包装应坚固、完好。能够防止快件在运输过程中发生包装破裂、内物漏出、散失;能够防止因摆放、摩擦、震荡或因气压、气温变化而引起快件的损坏或变质;能够防止伤害操作人员或污染运输设备、地面设备及其他快件。

例如:在包装 10 本汉语词典的时候,应当选取材质硬、强度大的瓦楞纸箱,并且使用"井"字形打包法进行打包。如果使用的包装箱材质偏软,则会导致快件在搬运环节外包装破裂,词典散落。如出现此种情形,不但快件安全无法保证,而且会给运输带来不便。

2. 便于装卸原则

包装材料除适应快件的性质、状态和重量外,还要整洁、干燥、没有异味和油渍,包装外表面不能有突出的钉、钩、刺等,以便于搬运、装卸和摆放。否则,不但会在装卸过程中给操作带来不便,还可能会伤害操作人员。

例如:在包装约80千克重的40套衣服的过程中,适宜将每箱衣服的重量控制在20千克左右,分成4箱包装,而不是将40套衣服装在一个箱子里。如果装在一个箱子里,既增加打包的难度,又不容易装卸。

3. 适度包装原则

根据快件尺寸、重量和运输特性选择合适大小的外包装及填充物,包装不充分或过度包装都不可取。包装不充分容易造成快件损坏,过度包装会造成包装材料浪费。

例如:在包装相机镜头的时候,如果仅使用单层气泡纸缠绕,则属于典型的包装不足,极易导致镜头在运输途中损坏;又如在包装无气打火机时,使用大量的气泡纸将打火机进行包裹,然后放入纸箱,再使用过多的泡沫颗粒进行填充,就属于明显的包装材料浪费。

4. 安全防盗原则

快件包装在保证寄递物品完好无损的情况下,更要注意防盗,尤其是对于高价值快件的包装。

例如:在寄递快件的过程中,寄件人可以在快件外包装封口处或快件全部外表面,粘贴有本公司标识的胶带,以达到快件包装无法被复制的目的,保证快件包装一旦破损无法复原的效果。

(二)快件包装的材料

包装材料在功能上主要分为外包装材料和内部填充材料。外包装材料主要包括包装袋、包装盒、包装箱、包装桶等;内部填充材料则主要包括气泡膜、海绵、泡沫板、珍珠棉等。

1. 包装袋

包装袋一般是筒管状结构,一端预先封死,在包装结束后再封装另一端,包装操作一般采用充填操作。包装袋按照尺寸可以分成以下三种类型:

(1)集装袋。这是一种大容积、高强度的运输包装袋,盛装重量在10~50千克。

(2)一般运输包装袋。这类包装袋的盛装重量是5~10千克,大部分是由植物纤维或合成树脂纤维纺织而成的织物袋。

(3)小型包装袋(或称普通包装袋,如图1-10所示)。这类包装袋盛装重量较少,通常用单层材料或双层材料制成。某些具有特殊要求的包装袋也可采用多层不同材料复合而成。在快递包装过程中,此类包装一般用于重要的(信件)类或是其他重要的容易湿损快件的包装。

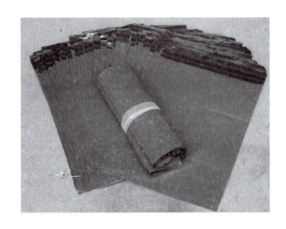

图1-10 小型包装袋

例如:客户发送一本样本刊物,担心在运输过程中被淋湿或出现湿损,便可以使用此类包装对快件进行包裹,但是需要注意的是将快件封口处用胶带再次处理。如客户在发运书籍类快件的时候,使用此类软包装,可能会导致快件到达目的地后出现折损的情况,此时,就可以先用小型包装袋包裹寄递物品,然后再装入文件封。

2. 包装盒

包装盒是介于刚性和柔性包装两者之间的一种包装。此类包装材料具有较高的抗压强度且不易变形等特点。包装结构一般是规则几何形状的立方体,也可裁制成其他形状,如圆盒状、尖角状,一般容量较小,有开封装置。包装操作一般采用码入或装填,然后将开封装置闭合。包装盒整体强度不大,包装量也不大,不适合做运输包装。适合包装块状及各种异形物品,在快递包装过程中,此类包装一般用于快件的内包装。

例如:客户在批量发送手表的过程中,就会采用先将单只手表包装放入小包装盒后,然后再次将包装后的小包装盒手表通过合理的填充包装后,再装入大包装箱,以达到安全运输的目的。

常见的包装盒(图1-11)很多,包装盒的材质也很多主要有以下几种:

(1)木质包装盒:茶叶盒、首饰盒等;

(2)铁质包装盒:月饼盒、珠宝盒等;

(3)塑料包装盒:眼镜盒、手机包装盒等。

图1-11 常见包装盒

3. 包装箱

包装箱是刚性包装技术中的重要一类。包装箱的材料为刚性或半刚性,有较高强度且不易变形。包装结构和包装盒相同,只是容积、外形都大于包装盒,两者通常以10升为分界。包装操作主要为码放,然后将开闭装置闭合或将一端固定封死。包装箱整体强度较高,抗变形能力强,包装量也较大,适合作为运输包装。在快递包装过程中,包装箱一般作为外包装使用。常见包装箱有以下几种:

(1)瓦楞纸箱(图1-12)。瓦楞纸箱是用瓦楞纸板制成的箱形容器。按外形结构分为折叠式瓦楞纸箱、固定式瓦楞纸箱和异形瓦楞纸箱三种。瓦楞纸箱是目前快递过程中最为常用的包装之一,广泛用于高档服装、电子配件类等快递产品的包装。一般来说,使用足够硬度的瓦楞纸箱和有效的填充物品,就可以保证寄递物品在运输途中的安全。

图1-12 瓦楞纸箱

(2)木箱。木箱是流通领域中常用的一种包装容器,其用量要少于瓦楞箱。木箱主要有木板箱、框板箱、框架箱三种(图1-13)。

①木板箱。木板箱一般用作小型运输包装容器,能装载多种性质不同的物品。木板

箱作为运输包装容器具有很多优点,有防碰裂、防溃散、防戳穿的性能,有较大的耐压强度,能承受较大负荷,制作方便等。但木板箱的箱体较重,体积也较大,其本身没有防水性。在快递过程中,一般微小型机器的发运使用木板箱。

②框板箱。框板箱是由条木与人造板材制装配而成。在快递过程中,一般大幅的照片类物品的发运使用框板箱。

③框架箱。框架箱是由一定截面的条木构成箱体的骨架,根据需要也可在骨架外面加木板覆盖。这类框架箱有两种形式,无木板覆盖的称为敞开式框架箱,有木板覆盖的称为覆盖式框架箱。框架箱由于有坚固的骨架结构,因此具有较好的抗震和抗扭力,有较大的耐压能力,而且其装载量大。在快递过程中,一般中小型机器的发运使用框架箱。

a)木板箱　　　b)框板箱　　　c)框架箱

图1-13　常用的三种木箱

(3)塑料箱(图1-14)。一般用作小型运输包装容器,其优点是:自重轻,耐蚀性好,可装载多种商品,整体性强,强度和耐用性能满足反复使用的要求,可制成多种色彩以对装载物分类,手握搬运方便,没有木刺,不易伤手等。在快递过程中,固定客户间重要资料的往来适宜使用塑料箱。

图1-14　塑料箱

4.包装筒

包装筒是筒身各处横截面形状完全一致的一种包装容器,是刚性包装的一种。包装材料强度较高,罐体抗变形能力强。包装操作是装填操作,然后将罐口封闭,可作运输包

装、外包装,也可作内包装用。包装筒主要有两种:

(1)小型包装筒(图1-15)。这是典型的罐体,可用金属材料或非金属材料制造,容量不大,一般快递中用于易损坏或是易折损物品的装运。

例如:客户发送的半成品眼镜片,可以集中装在小型包装桶里;也可以是客户需要打印的大幅工程制图,卷起后装于小型包装桶内,这样能有效地防止物品在运输过程中受挤压、变形。

(2)中型包装筒(图1-16)。外形也是典型的筒状,容量较大,一般用作化工原材料、土特产的外包装,起到运输包装作用。快递过程中一般用于寄递颗粒状物品。

图1-15 小型包装筒　　　　　图1-16 中型包装筒

5.常见内部填充材料及作用(表1-2)

常见内部填充材料及作用　　　　　表1-2

名称	说明	实物图片
海绵块	用于易碎物品的填充,可缓冲在搬运过程中寄递物品受到的外部作用力	
气泡膜	气泡膜表面柔软,且有气泡,可有效缓冲运输中外力对寄递物品的震荡性损伤,主要适用于电子产品	

续上表

名称	说　明	实物图片
珍珠棉	此填充物体积小、有弹性,用于填充包装空隙,或对易碎物品填充,以保障寄递物品运输安全	
隔离段	防止寄递物品相互碰撞而造成的快件伤损,主要用于易碎类物品,如手机、玻璃杯等	
发泡胶	能够缓冲或者减少在运输过程中因货件与箱体碰撞间引起的货件损坏,还可缓解外界货物对该货件的挤压,适用于易碎以及表面易划伤的货物包装	
防震板	俗称泡沫、泡沫板,为内部填充材料,当快件受到震荡或坠落地面时,能起到缓冲、防震的作用。在防震、防破损包装中起重要作用	
充气型塑料薄膜	可以作为小件物品的减震填充	

6. 包装材料的选择

对于不同的快件选择不同的包装方式,如针对磁盘、钥匙、U 盘、电子元器件,就需要考虑防水、防静电的包装需求。对小型物件以及文件可以使用快递文件信封;4 千克以内的文件、小型活页夹可以使用小型快件袋。

各种尺寸、形状、不同的材质以及各种附属加固和保护方式,使包装箱成为包装货物最理想的一种选择。对于较轻货物(30 千克以内)可以使用纸箱;较重、较大货物如发动机或者工业设备应使用板条箱;对于散装运输或者大量装箱的货物,应将货物放置在托盘上,并进行加固。

快件进行打包包装中使用最多的材料就是胶带密封,它能起到固定打包的作用,能提高产品的牢固性,建议使用聚丙烯或者聚乙烯胶带。

(三)快件包装的技术

为了使寄递物品在运输过程中避免损坏,合理的包装非常重要。大量使用内部填充材料固然可以起到保护内件的作用,但是也会使快件的重量和体积增加,无形之中又增加了运费的支出。采用合理的包装技术,既起到保护内件的作用,又不浪费材料。

1. 防震保护

防震包装又称缓冲包装,是指为减缓内装物受到冲击和振动,保护其免受损坏所采取的一定防护措施的包装。防震包装在各种包装方法中占有非常重要的地位,为了防止快件遭到损坏,就要设法减少外力的影响。防震包装主要有以下三种方法:

1)全面防震包装方法

全面防震包装方法是指寄递物品和外包装之间全部用防震材料进行填充,对寄递物品进行保护的包装方法。一般来讲,就是将寄递物品的四周全部用缓冲材料包裹后装入包装箱。此类方法可以有效地减少因外力作用而导致的寄递物品损坏。

(1)使用材料:主要有纸箱、气泡纸、海绵、泡沫板等。

(2)应用范围:在快递过程中,需要使用全面防震包装的物品主要有手机、相机、手表、陶瓷工艺品等易碎、易损的高价值物品。

(3)应用举例:以手机包装为例,简要介绍全面防震包装方法,如图 1-17 所示。

①首先将手机的电池与主机分离;

②然后将电池和主机分别用气泡纸或海绵缠绕;

③缠绕层数以20厘米高处落下可以弹起为宜;

④将缠绕后的手机装入适宜规格的瓦楞纸箱,如装入后发现有空隙存在,需使用海绵或泡沫板进行填充,填充至箱内快件不再晃动为宜,然后封箱。

a)

b)

c)   d)

图1-17 手机全面防震包装方法

知识链接——电池不可拆卸的手机如何寄递?

由于锂电池安全性较低,容易引起爆炸,因此基于航空安全原因,航空快件中禁止寄送锂电池产品(图1-18)。

如果客户要寄递iPhone、iPad等电子产品,最好是具备"完整的商业包装盒",也就是说,iPhone和iPad最好是没拆封用过的;如拆封用过,则应告知客户采用陆运方式运输。

图 1-18　不可拆卸电池手机禁止航空寄递

(4)形状不规则物品:对于形状不规则的物品,应选用比此物品更大的纸箱,用珍珠棉铺底后,将物品放入纸箱,然后用珍珠棉将物品淹没,使其固定在箱中而不能晃动,并保证物品各个面与纸箱保持3厘米以上的距离,然后将纸箱用胶带纸封闭,如图1-19所示。

图 1-19　形状不规则物品包装示意图

2)部分防震包装方法

部分防震包装方法是指寄递物品的拐角、侧面或局部位置使用防震材料进行垫衬,以达到防震效果的包装方法。此类方法使用较少的防震材料取得较好的防震效果,可有效降低包装的成本和寄递快件的费用。

(1)使用材料:纸箱、防震板、充气型塑料薄膜防震袋等。

(2)应用范围:在日常快递过程中,需要使用部分防震包装的物品主要有电视机、显示器、计算机主机、仪器仪表等。

(3)应用举例:以计算机主机(图中用纸盒代替)的包装为例,简要介绍部分防震包装方法,如图1-20所示。

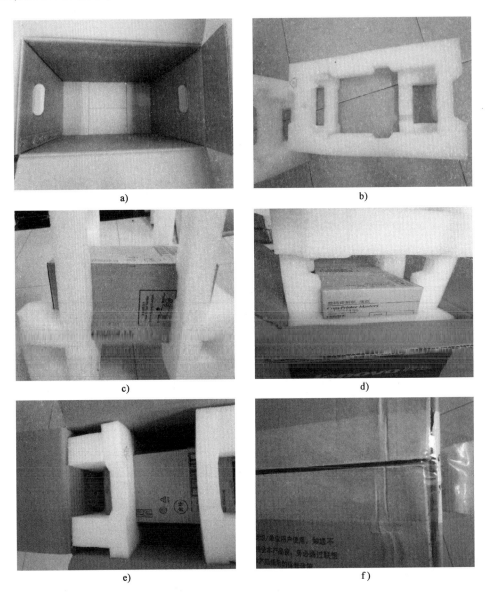

图1-20 计算机(部分)防震包装方法

①首先将包装箱打开,准备好发泡塑料;
②将寄递物品放入准备好的发泡塑料内;
③将固定好的寄递物品正确装入纸箱,并确定无法晃动;
④封箱。

3）悬浮式防震包装方法

悬浮式防震包装方法是指使用弹簧、绳子、吊环等材料把寄递物品悬吊在外包装容器内,使产品不与四壁接触,以达到保护寄递物品的包装方法,如图 1-21 所示。

(1)使用材料:纸箱(木箱)、绳子、弹簧、吊环等。

(2)应用范围:精密电子仪器等。在快递过程中使用较少。

2. 防破损保护

为了避免快件破损,在包装过程中应采取以下几种防破损保护技术:

(1)捆扎及裹紧技术。捆扎及裹紧技术的作用,是使杂货、散货形成一个牢固整体,以增加整体性,便于处理,从而减少破损,如图 1-22 所示。

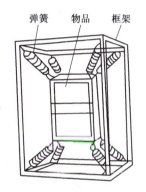

图 1-21　悬浮式防震包装示意图

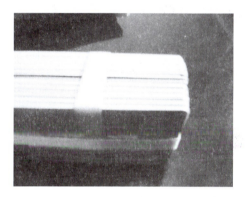

图 1-22　捆扎技术

例如:客户发送 1000 份证件,如果毫无顺序地杂乱摆放,则可能会折损或是折断一部分,但是如果整理一下,然后再简单包装发运,出现损坏的概率就要小很多。

(2)集装技术。相同规格的物品集中托运,如图 1-23 所示。

图 1-23　集装技术

例如：客户发送的100箱水果，能统一整齐的码放在车厢里，则此批货物到达目的地后发生损坏的概率要比凌乱摆放小很多。

（3）选择高强度保护材料。通过高强度的外包装材料来防止内包装物品受外力的作用，从而减少寄递物品的破损，如图1-24所示。

图1-24　高强度保护材料

（四）绿色包装使用规范

绿色包装材料是指能够循环复用、再生利用或降解腐化，不造成资源浪费，并在材料存在的整个生命周期中对人体及环境不造成危害的包装材料。为了做好快递包装绿色治理，减少快递包装带来的环境危害，寄递企业应当按照规定建立健全企业内部制度，明确包装管理机构和人员在包装采购管理、封装操作规范、包装用量统计、宣传教育培训、检查考核奖惩等方面加强管理，确保使用合标、操作规范，切实履行企业主体责任。

（1）全面推广使用电子运单，尤其是一联式电子运单。

（2）优先使用符合现行《绿色产品评价　快递封装用品》（GB/T 39084）规定、经过绿色认证的包装产品。

（3）宜根据内装物的最大重量及最大综合内尺寸，选用合适的包装箱型号，空箱率不宜超过20%。包装箱的型号、内装物的最大重量及最大综合内尺寸，宜按如下方式确定：

①1号包装箱内装物最大重量3千克，最大综合内尺寸450毫米；

②2号包装箱内装物最大重量5千克，最大综合内尺寸700毫米；

③3号包装箱内装物最大重量10千克，最大综合内尺寸1000毫米；

④4号包装箱内装物最大重量20千克，最大综合内尺寸1400毫米；

⑤5号包装箱内装物最大重量30千克，最大综合内尺寸1750毫米；

⑥6 号包装箱内装物最大重量 40 千克,最大综合内尺寸 2000 毫米;

⑦7 号包装箱内装物最大重量 50 千克,最大综合内尺寸 2500 毫米。

内装物超过重量上限的或者有特殊寄递要求时,选用捆扎带进行封扎。

(4)寄递企业采用胶带封装操作的,宜选用 45 毫米宽度及以下的胶带。包装箱上使用胶带宜遵循下列方式:

①1 号和 2 号包装箱宜采用"一"字形封装方式,使用的胶带长度不宜超过最大综合内尺寸的 1.5 倍;

②3 号、4 号和 5 号包装箱宜采用"十"字形封装方式,使用的胶带长度不宜超过最大综合内尺寸的 2.5 倍;

③6 号和 7 号包装箱宜采用"卄"形封装方式,使用的胶带长度不宜超过最大综合内尺寸的 4 倍。

(5)使用气泡垫、气泡膜、气泡柱等填充物作为缓冲包装的,尽量使用"即充即用"型的填充物。

(6)塑料编织袋使用次数不低于 20 次,其他材质编织袋使用次数不低于 50 次。

(7)鼓励寄递企业使用可循环包装产品,推进使用循环包装信息系统和回收装备,通过完善运行模式,提升循环使用效率。

(8)引导用户配合快递绿色包装,规范包装操作,减少包装用量。

(五)常用包装加固保护措施

1. 边缘保护

垂直边缘保护装置不仅可减少运输过程中箱体边缘的破损,还有助于保持货物稳固,如图 1-25 所示。

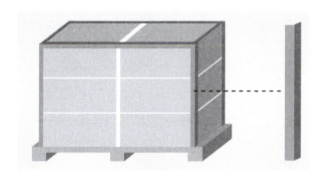

图 1-25 边缘保护示意图

2.纸板保护

纸板放置在顶部、底部和侧面形成保护屏障。有助于将托盘上堆叠货物重量分散到托盘基座上,如图1-26所示。

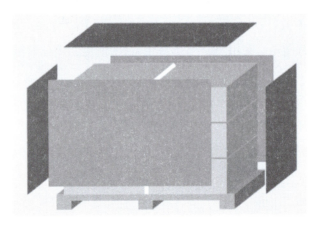

图1-26 纸板保护示意图

3.支撑防护

当运输超重货物(如电缆卷筒或者发动机)时,要确保对托盘进行木质或者金属支撑,以防止可能在运输过程中发生的横向移动,如图1-27所示。

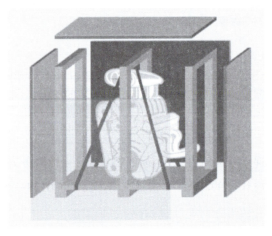

图1-27 支撑防护示意图

4.捆扎和收缩包装

捆扎和收缩包装是将货物固定到托盘上的两种主要方法,并且必须用于大件和托盘货物。使用的绑扎材料类型包括钢丝、尼龙、聚酯(PET)和聚丙烯。钢丝更适合较重的物品,而尼龙和PET则适用于箱子和较轻的物品。如果使用塑料捆扎带,应确保高度耐用,并且要牢固密封,如图1-28所示。

 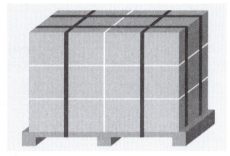

图1-28 捆扎包装示意图

(六)快件包装的注意事项

(1)推进减量包装,对于可以减下来的包装物坚决减下来。

(2)循环使用包装,即对于实在不能减下来的包装,可通过包装物循环使用,大幅度减少包装物垃圾。

(3)包装物的循环利用,对于既不能减量,也不能采取循环使用的包装物,要采用可以循环利用的包装材料,如纸箱等,便于包装废弃物的回收再利用。

(4)尽量使用可环保降解的包装材料,需要注意的是,一定要可环保降解,绝不是可降解就代表环保,很多可降解材料在降解过程中可能并不环保,降解过程也会带来严重污染。

三、快件查询、更址、撤回及索赔

(一)快件查询

快件查询是指快递企业向寄件人反馈快件状态的一种服务方式,客户可以通过快递运单号码查询跟踪相应快件的状态。《快递服务》(YZ/T 0128—2007)规定:快递企业应向客户提供电话或互联网等查询渠道。

1. 查询渠道

快件查询渠道主要包括网站查询、网点查询、电话查询、扫码查询四种方式。

(1)网站查询。客户根据快件运单上预留的网址,登录快递企业的网站,凭借快递运单号码,即可进行快件信息的查询,如图1-29所示。

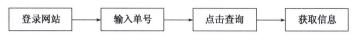

图1-29 网站查询流程图

(2)网点查询。客户到快递企业的营业网点,凭借寄件人存根联办理快件查询手续。

(3)电话查询。客户拨打快递企业预留在快递运单上的客户服务电话来查询快件的状态,根据电话提示进行人工查询或自助语音查询服务,如图1-30所示。

图1-30 电话查询流程图

人工服务是指客户通过拨打企业的客服专线后,通过快递企业的客户服务人员获得帮助的一种方式。并非所有的快递企业都可以提供24小时人工查询服务,所以在快递企业不提供人工查询服务的时段,此查询方式无法进行。在查询或是客户下单的繁忙时段,客户选择人工服务时,可能会因为客服人员数量有限,无法及时获得相应服务。

自助语音服务是指客户通过拨打企业的客服专线后,通过按键输入相关信息与企业的系统进行信息交互的一种信息查询、获取方式。

(4)扫码查询。客户通过微信、支付宝等扫描电子运单上的二维码来查询快件的状态,如图1-31所示。

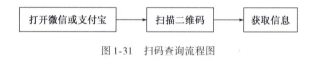

图1-31 扫码查询流程图

2.查询内容

(1)快件目前所在位置及预计到达目的地的时间;

(2)快件因何原因未及时送达;

(3)快件损坏或遗失的处理进度情况。

3.查询答复时限

对于通过互联网不能查询的快件,客户电话查询快件状态时,快递企业应在30分钟之内告知客户;对于不能提供快件即时信息的,应告知客户彻底延误时限以及索赔程序等。

4.查询信息有效期

国内快件查询信息的有效期应为快递企业收寄快件1年之内。

(二)快件更址

快件更址(或称改寄)是指在快件寄出后未派送(出口验关)前,由寄件人提出更改收件人名址,由快递企业将快件递送至新地址的过程。

1.快件更址的条件

快件寄出后,由于状态随时在改变,所以并非每份快件都可以进行更址操作。如果快件已经派送至收件人手中,那么快递企业就无法完成快件更址操作,所以不同类型的快件更址需满足相应的条件:

(1)同城快件和国内异地快递服务:快件未派送至收件人处。

(2)国际快件及港澳台快递服务:快件尚未出口验关前。

【案例1-2】

快递——商业成功的助手

A公司是当地一家从事服装生产的民营公司,随着公司业务的不断发展,原有的办公场地已经无法满足现有的办公需要,于是A公司选择了搬迁。

张先生为本市一培训公司的业务经理,近期该培训公司新开发了一门针对企业领导者的管理课程,张先生将多份试听邀请函以快递形式发送给了自己的合作伙伴。

快件发出后,张先生立即给各个企业的领导打电话,邀请各公司领导有时间尽量参加此次试听。电话中A公司的王总告诉张先生他们搬家的消息,张先生十分着急。可快件已经发出去了,重新发来不及了,怎么处理呢?邀请函需要有公司盖章,再制作一份时间来不及,于是张先生匆忙中拨通了该快递企业的电话寻求帮助。在该企业客服人员的帮助下,张先生按照快递企业的要求,成功更改了未派送快件的地址。第二天一早,A公司的王总收到了快件。

案例分析:国内快递业务中,快件只要未被签收,寄件人就可以提出更改派件地址申请,此案例中,张先生通过使用快递,不仅给自己的工作带来了便利,而且更好地把握住了商机。

以上案例表明,更改快件地址需要寄件人向快递企业提出申请,按照快递企业的要求及流程进行更址操作。

【案例1-3】

未按流程更址操作的后果

王女士在网上开了一家店铺,专门销售手机等电子类商品。某天她接到一订单,客户张某要购买她的一部价值5000元的品牌手机,张某与王女士约定,采用收到手机后通过第三方支付的形式来支付费用,长期从事网络生意的王女士接了此笔订单。

王女士选择的是当地一家比较有名的快递企业,该企业以速度快、服务好著称。王女士对此快递企业的服务也比较满意。5天时间过去了,可是王女士还是未收到银行的到账通知,她误以为是张某还未收到手机,但是王女士通过此快递企业的网站查询发现,此件已经在3天前的上午被签收了。王女士以为自己看错了,于是拨通此快递企业的客户服务专线,经核实快件在发出后,此快递企业在快件发出的当天下午曾接到一个电话,需要更改收件人的地址,于是就出现了快件被签收的情况。

王女士立即联系张某,但是张某称自己尚未收到手机,所以拒绝支付此手机的货款,那么快件是被谁签收了?又是谁打的电话更改的收件地址呢?

案例分析:经与快递企业进行核实,有人冒充王女士对快件地址进行修改。快递企业工作人员工作失误,未按企业要求流程来进行更址操作,才导致不法分子有机可乘。最终,王女士向此快递企业提出索赔要求。

2.快件更址的流程(图1-32)

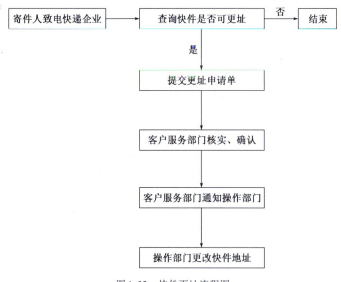

图1-32 快件更址流程图

如果快件满足更址条件,可以进行更址操作。需要注意的是,快件的所有权在签收前归寄方所有,快递企业为了保证快件的安全性,更址操作仅限于寄件人提出申请。

根据快件状态的不同,快件更址操作的方式也有所区别。

(1)快递员未离开寄件人处时:如客户要求更改客户地址,此时快递员应尽量采取更换快递运单的方式进行更改地址。如因客户原因导致快递运单无法更换,则可以由寄件人在快递运单原收方地址处进行更改,更改后在快递运单醒目位置标注"地址已更改"字样。在快件更址时应注意的是,需要将快递运单的每一联运单整理整齐后再做更改,以保证更改内容清晰准确地体现在每一联的运单上。

(2)快递员离开寄件人处后:此时客户如需要对快件进行改址操作,则需要致电快递企业的客户服务热线,由客户服务工作人员进行登记备案。为保证更改信息的准确无误,同时确保客户的权益不受损害,客服工作人员应详细记录寄件人的地址、联系人名称、联系方式、收件人地址、快递运单号码等快件信息。对符合更址条件的客户,快递企业一般通过指引客户填写更址申请单(图1-33)的方式来进行更址操作。

更址申请单

快递运单号码:_____　××快递服务电话:_____　申请日期:_____

致_____快递公司:
　　_____年_____月_____日经_____发往_____的快件单号为_____的快件,
因寄件人原因申请更改收方地址,请尽快处理。更址费用_____元,本人同意支付。
寄件人地址:_____
更改后信息:
更址后收件人姓名:_____　更址后收件人电话:_____
更址后收件人地址:_____

寄件人(申请人)名称:_____
寄　件　人　签　章:_____
寄件人联系方式:_____
申　　请　　日　　期:_____

图1-33　更址申请单

(三)快件撤回

快件撤回是指快递企业根据寄件人的申请,将已经交寄给快递企业的快件取消寄递并退还给寄件人的一种服务。快件撤回需要满足相应的条件才可以申请。

1. 快件撤回的条件

(1)同城和国内异地快递服务:对尚未首次派送或已经首次派送但未派送成功的国内快件,快递企业应提供撤回服务。

(2)国际及港澳台快递服务:快件尚未出口报关。

2. 快件撤回的流程(图1-34)

客户在发送快件的时候,有时会因自己的疏忽导致快件发错,有时也会因为客户地址搬迁、收件人地址处交通管制等原因,导致已经发出的快件需要撤回。无论何种原因,客户在有快件撤回需求的时候,需要第一时间致电快递企业的客户服务热线进行申请。

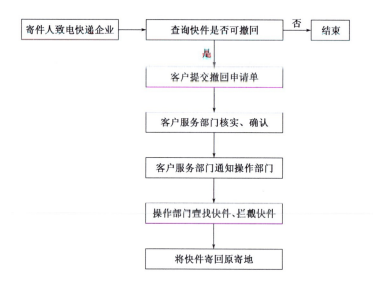

图1-34 快件撤回流程图

(1)快递企业客户服务人员根据快件相关状态,回复客户是否可以对快件进行撤回,快件只要是暂未派送或是尚未出口报关,就可以进行撤回操作。

(2)在确定快件可以进行撤回操作后,快递企业的客服人员需要进行以下确认步骤:

①首先由快递企业发送或传真"快件撤回申请单"(图1-35)给寄件人,由寄件人签字盖章后回传给快递企业。

撤回申请单

快递运单号码：_____ ××快递投诉受理电话：_____ 申请日期：_____

```
致_____快递公司：
    ____年____月____日经____发往____的单号为_____
____快件，因寄件人原因申请撤回，请尽快处理。撤回费用____元，本人同意支付，
并承诺在收到快件后付款。
    寄件人姓名：_____    寄件人电话：_____
    寄件人地址：_____
    收件人姓名：_____    收件人电话：_____
    收件人地址：_____

                        寄件人姓名：_____
                        寄件人签章：_____
                        寄件人联系方式：
                        申 请 日 期：_____
```

图1-35　快件撤回申请单

②收到客户的"快件撤回申请单"后，由快递企业人员进行撤回信息的发布，将相应的信息发布至相应部门进行相应的快件撤回操作。如快件已进入派送环节，即快件已经到达快件派送的最后环节，则客服人员应立即电话联系派送人员，将此件进行拦截，以免影响此件的撤回。

3. 快件撤回注意事项

首先，核实快件状态，回复客户是否可以进行撤回操作；其次，告知客户撤回需要产生撤回费用，并明确告知客户收费标准；最后，告知客户填写撤回申请单，并且需要寄件客户本人填写，同时签字、盖章。

(四) 快件的索赔

客户在使用快递服务过程中，如果快件发生延误、丢失、短少、损毁等情况，致使快件失去部分或全部价值时，客户有权向快递企业进行索赔。

快件的赔偿在客户提出申请阶段称为客户索赔,快递企业在接受了客户的索赔申请之后,赔付的阶段称为快件赔偿。

1. 快件索赔的程序(图1-36)

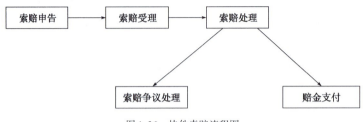

图1-36 快件索赔流程图

索赔程序:

1)索赔申告

客户在遇到问题需要索赔时,一般通过快递企业的快递员或是客服电话,将索赔需求告知快递企业。快递企业在接到客户申请后,应首先记录客户的需求,并指导客户填写索赔申告书(图1-37),或是直接记录客户索赔的相关信息后制作成索赔申告书。

索赔申告书

快递运单号码:××××201101010　　××快递投诉电话:400800××××　　档案编号:cn 8707 0001

致___××××___快递公司:

　　___××___在___2010___年___9___月___3___日经___北京___发往___深圳___的快件单号为___××××201101010___快件,寄递物品为___羽绒服___,数量___一件___,因___损毁___(延误、丢失、短少、损毁),特向贵公司提出索赔申请,申请索赔金额___800___元(人民币大写捌佰元整),请予以核实并尽快处理。

　　索赔详情:此寄递物品为××品牌女士红色羽绒服一件,在通过贵公司派送过程中,由于贵公司原因造成此件损毁,导致深圳收件客户收到后发现外包装潮湿,且羽绒服肩膀和后背位置均出现撕裂情形,现此羽绒服已丧失使用价值,故向贵公司提出索赔申请。

　　　　　　　企业(申请人)名称:_____×××_____

　　　　　　　联　系　人　姓　名:_____×××_____

　　　　　　　联系人联系方式:_____13×××××××××_____

　　　　　　　申　告　日　期:_____2010年9月18日_____

图1-37 索赔申告书

索赔申告书一般包括以下几方面的内容：快递运单单号、寄件人姓名、地址、联系方式；寄递物品名称；索赔原因、索赔金额等。

2）索赔受理

快递企业应在收到客户索赔申告24小时内，答复客户是否受理其索赔申请。如果快递企业受理客户的索赔申请，应当告知客户需准备的相关资料，如快递运单的客户存根联、寄递物品的相关发票等。

如快递企业无法受理客户的索赔需求，需明确告知无法受理的具体原因；如客户与快递企业无法达成一致，客户可以依法选择投诉、申诉、仲裁、诉讼等方式进行解决。

3）索赔处理

当客户的快件发生延误、丢失、短少、损毁的情况时，索赔处理一般分以下两种情况：

（1）快件发出时客户与快递企业有事先约定的，按照约定情况执行。

例如：客户张先生在快件发出前曾与快递企业书面约定，如快件在寄出后发生损毁但不丢失，不追究快递企业责任。

（2）快件发出前客户没有与快递企业约定的，按以下方式处理：

①快件延误。

延误的赔偿应为免除本次服务费用（不含保价等附加费用），由于延误导致寄递物品直接价值丧失，应按照快件丢失或损毁进行赔偿。

【案例1-5】

一件寄递物品为衣服的快件，服务费为38元，价值2500元，保价费为25元。如此件因快递企业责任发生延误，快递企业只需退还38元的服务费用，因为快件并未发生遗失，所以25元的保价费无须退还。

【案例1-6】

一张价值为1000元的音乐会门票，经快递企业从上海寄往北京，快递企业收取快件服务费为30元，客户保价1000元，快递企业另收取保价费10元。如此件因快递企业责任发生延误，并导致门票过期，则此快递企业应先退还客户30元的服务费，然后赔偿客户1000元的损失。

②快件丢失。

快件丢失赔偿应主要包括:快件发生丢失时,免除本次服务费用(不含保价等附加费用);购买保价(保险)的快件,快递企业按照被保价(保险)金额进行赔偿;对于没有购买保价(保险)的快件,按照邮政法及相关规定办理。

③快件损毁。

快件损毁赔偿应主要包括:完全损毁,指快件价值完全丧失,参照快件丢失赔偿的规定执行;部分损毁,指快件价值部分丧失,依据快件丧失价值占总价值的比例,按照快件丢失赔偿额度的相同比例进行赔偿。

④内件不符。

内件不符赔偿应主要包括:内件品名与寄件人填写品名不符,按照完全损毁赔偿;内件品名相同,数量和重量不符,按照部分损毁赔偿。

快递企业除了与寄件人有特殊约定外,索赔处理时限应不超过:同城和国内异地快件为 30 个日历天;港澳台快件为 30 个日历天;国际快件为 60 个日历天。

如客户选择了保价,则根据客户保价金额对物品损失确定后,对快件进行赔偿;如快件未进行保价,则由快递企业与客户协商解决。

4)赔金支付

快递企业与寄件人就赔偿数额达成一致后,应在 7 个日历天内向寄件人或寄件人指定的受益人支付赔金。同时,客户签署收到,快递企业予以备案。

5)索赔争议处理

寄件人与快递企业就是否赔偿、赔偿金额或赔金支付等问题可先行协商,协商不一致的,可依法选择投诉、申诉、仲裁、诉讼等方式。

2. 快件索赔和赔偿注意事项

(1)由于客户的责任或者所寄物品本身的原因造成快件损失的,快递企业不承担赔偿责任。

(2)由于不可抗力的原因造成快件损失的,快递企业不承担赔偿责任(保价快件除外)。

(3)客户自交寄快件之日起满一年未查询又未提出赔偿要求的,快递企业不承担赔偿责任。

(4)快件赔付的对象应为寄件人或寄件人指定的受益人。

四、逆向快件的收寄

逆向快件目前主要产生于电子商务快件中,是指卖家客户委托快递企业将快件从买家用户指定所在地送达卖家所在地的过程。逆向快件一般由卖家客户推动,快递费用采取卖家客户与快递企业统一集中结算的方式;或者先由买家客户支付快递费用,卖家收到快件后,给予买家一定的快递费补贴。整个过程需要卖家客户与快递企业双方强大的 ERP 对接系统支持。

1. 逆向快件的主要模式

逆向快件一般包括退货和回收快件两类,涉及退货申请、检验、分类、维修、更换、退款,或者回收、再利用、残次品处理等系列问题。主要模式包括:

(1)自主经营模式,即电商企业自主经营快递企业或回收业务,完成商品的收集处理、再利用和废弃处理,如常见的出版社和图书馆模式,同时,企业对客户电子商务(B2C电商)中常见的还有制造商模式和在线商家模式。

(2)外包快递企业模式,即电商将退货与回收快件委托第三方快递企业来处理的模式。

(3)协作经营模式,既可以是电商的部分自营与部分外包的协作结合,也可以是电商或快递企业与区域或城市的专业逆向快件平台企业合作,共享信息或委托业务操作的模式。

2. 逆向快件的特点

逆向快件与正向快件相比,既有共同点,也有不同点。二者的共同点在于都具有包装、装卸、运输、分拣、封发等过程;不同点在于,逆向物流有其鲜明的特殊性。

1)分散性

逆向快件产生的地点、时间、质量和数量是难以预见的。可能产生于生产领域、流通领域或生活消费领域等一切领域,涉及各种部门和任何个人,任何地方、任何时候都在发生,正是这种多元性使其具有分散性。

2)缓慢性

一般情况下,逆向快件的数量少、种类多,只有在不断汇集的情况下才能形成较大的流动规模。废旧物资的产生往往不能立即满足人们的需要,需要经过加工、改制等环节,甚至只能作为原料回收使用,这些过程需要较长的时间。此外,废旧物资的收集和整理也是一个较复杂的过程。这一切都决定了废旧物资缓慢性这一特点。

3）混杂性

回收的产品在进入逆向快件系统时往往难以划分为产品,因为不同种类、不同状况的废旧物资常常是混杂在一起的。当回收产品经过检查、分类后,逆向快件的混杂性随着废旧物资的产生而逐渐减小。

4）多变性

由于逆向快件的分散性及买家对退货、产品召回等回收政策的使用,有的企业很难控制产品的回收时间与空间,这就导致了多变性。

3. 逆向快件的收寄流程

（1）买家提出退货申请,与卖家达成一致。

（2）买家联系快递员,准备好退货的快件及相关单据。

（3）快递员按约定时间上门收件,验视快件。如符合寄递要求,进行包装、贴单并收取快递费;如不符合要求,则不予收寄。

五、国际快件收寄指导

国际快递业务与国内快递业务相比,流程大致相同,都要经历快件收寄、分拣、转运、派送等几个过程,但是因为国际快递业务在运输过程中需要经过进出境环节,所以在进出境的过程中应当遵照各个国家进出境的相关法律法规规定。

1. 国际快件收寄流程（图 1-38）

国际快件的收寄过程与国内快件基本一致,区别在于增加了单证检查的环节。

2. 国际快递业务区域分类

世界区域共分为七大洲,分别是亚洲、非洲、北美洲、欧洲、南美洲、南极洲、大洋洲,国际快件按照区域主要分为亚洲、非洲、北美洲、欧洲、南美洲、大洋洲。

（1）亚洲是世界第一大洲。包括中国、日本、韩国、印度、伊朗、新加坡、哈萨克斯坦等48 个国家和地区。

（2）非洲为世界第二大洲。包括埃及、肯尼亚、南非、尼日利亚等 60 个国家和地区。

（3）北美洲是世界第三大洲。包括加拿大、美国、墨西哥、巴拿马等国家。

（4）欧洲包括俄罗斯、英国、法国、荷兰、意大利、德国、芬兰、西班牙等 48 个国家和地区。

（5）南美洲包括巴西、阿根廷、智利等国家。

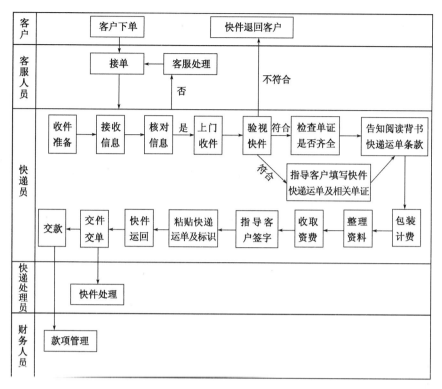

图1-38 国际快件收寄流程

(6)大洋洲包括澳大利亚、新西兰、汤加、斐济等国家。

3.国际快件的重量和规格要求

(1)重量限度:国际快件每件最大重量为50千克,有的国家对包裹限重为20千克、15千克或10千克。因此,包裹重量限度应以寄达国家规定为准。我国采用的单件最大重量为50千克,单票不超过250千克。

(2)规格限度:非宽体飞机载运的快件,每件快件重量一般不超过80千克,体积一般不超过40厘米×60厘米×100厘米。宽体飞机载运的快件,每件快件重量一般不超过250千克,体积一般不超过100厘米×100厘米×140厘米。快件重量或体积如果超过以上标准,快递企业可根据各企业实际情况确认是否收寄。

4.国际快件包装的特殊要求

国际快件的包装不仅要满足运输要求,还要符合寄达国海关和相关运输工具的要求。有些目的地国家为了保护本国资源,对进口物品实行强制检疫。木质包装熏蒸就是为了防止有害病虫危害进口国森林资源所采取的一种强制措施。

1）熏蒸方式

熏蒸方式有药物处理和热处理两种方式，药物处理一般采用溴甲烷、环氧乙烷等化学制剂。药物处理一般要求室外温度超过10摄氏度，如果室外温度低于10摄氏度，则必须采用热处理。

2）熏蒸标识

熏蒸标识中的IPPC为国际植物保护公约（International Plant Protection Convention）的简称。图1-39中的CN代表中国，000则代表国家植保机构给予木质包装生产企业的独特登记号，YY表示处理方式，ZZ代表各直属检验检疫局的2位数代码，其中HT表示热处理；如果是MB，则表示使用药物溴甲烷进行的熏蒸处理。

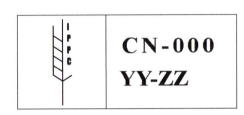 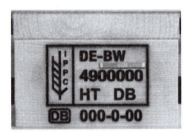

图1-39　熏蒸标识

3）熏蒸要求

在使用木质包装过程中，对于用未经处理过的原木制作成的包装，在进出口时一定要进行熏蒸处理。美国、加拿大、澳大利亚等国家对我国出口的木质包装有熏蒸要求。根据我国国家质量监督检验检疫总局2005年第4号公告的要求，从2005年3月1日输往比利时、丹麦、英国、德国、法国、爱尔兰等国家的带木质包装的货物，其木质包装要加盖IPPC的专用标识（胶合板、刨花板、纤维板等除外）。如果输往欧洲的货物为针叶木包装，则需提供熏蒸证明书；输往美国、加拿大的货物无论是何种木质包装，都要提供熏蒸证明书；木质包装物不得带有树皮。熏蒸处理过的木质包装物要尽快出运，同时要注意单独存放，并与其他未处理的木制品、木料隔离。熏蒸证书的有效期为21天。

第三节　收寄验视

一、收寄验视概述

收寄验视，是指快递员接收用户寄递的快件时，查验快件是否符合禁止寄递、限制寄递的规定,以及用户在快递运单上所填写的内容是否与其寄递物品的名称、类别、数量等相符的行为。快递员应当在用户在场的情况下,当面验视寄递物品。对于个人用户寄递或者发现疑似禁止寄递和限制寄递的物品,应当逐一验视。受用户委托,长期、批量提供快递服务的,应当采取抽检方式验视快件的内件。依照国家规定需要用户提供有关书面凭证的,应当要求用户提供凭证原件,核对无误后,方可收寄。拒绝验视或者拒不提供相应书面凭证的,不予收寄。

(一)收寄验视的内容

对用户寄递的快件,快递员应当验视以下内容:

(1)用户填写的邮件快递运单或者快递运单上的信息是否完整、清楚;

(2)用户填写的物品名称、类别、数量是否与寄递的实物相符;

(3)用户寄递的物品及使用的封装材料、填充材料是否属于禁止寄递的物品;

(4)用户寄递的限制寄递物品是否超出规定的范围;

(5)用户是否按照法律、行政法规的规定出示身份证件或者其他书面凭证;

(6)快件的封装是否满足寄递安全需要;

(7)其他需要验视的内容。

(二)收寄验视的基本要求

寄件人应如实申报所寄递的物品,快递员应根据申报内容对交寄的物品、包装物、填充物等进行实物验视。验视时,应按以下要求进行操作:

(1)应在收寄现场对用户交寄的物品进行验视,具备条件的可在视频监控下验视。

(2)验视时,宜由寄件人打开封装。

(3)重点查验用户交寄的物品、包装物、填充物是否符合国家关于禁止寄递、限制寄递的规定,以及是否与快递运单上所填报的内容相符。

(4)验视时,快递员应注意人身安全,不应用鼻腔直接闻,不应用手触摸不明液体、粉末、胶状物等物品。

(5)对交寄物品内有夹层的,应逐层清查;对于一票多件的快件,应逐件清查。

(6)验视后,如用户提出再次核实寄递物品,应在用户最终确认寄递物品后,进行再次验视。

(7)特殊地区应通过安检机进行加验。

(8)验视后,快递企业应以加盖验视章等方式做出验视标识,记录验视人员姓名或者工号,并与用户一起当面封装。

(三) 快递实名收寄

快递员除了对寄件人寄递的物品、包装物、填充物等进行实物验视外，遇到以下情况还应要求寄件人出示身份证件，在快递运单上如实填写寄件人和收件人信息：

(1) 寄往国家重大活动举办区域或者在该区域收寄的快件；

(2) 在车站、酒店、广场等人员流动的公共场所收寄的快件；

(3) 内件属于国家限制寄递物品的快件；

(4) 国务院邮政管理部门规定的其他情形。

(四) 不予收寄情况

有下列情形之一的，不予收寄：

(1) 用户拒绝当面验视的；

(2) 用户填写的快递运单信息不完整的；

(3) 用户在快递运单上填写的信息与其交寄的实物不符或者填写的信息模糊，并且拒绝修改或者拒绝重新填写的；

(4) 用户寄递禁止寄递物品或者使用的封装材料、填充材料属于禁止寄递物品，或者在内件物品、封装材料、填充材料中夹带禁止寄递物品的；

(5) 用户未按照法律、行政法规的规定出示身份证件或者其他书面凭证的；

(6) 用户寄递限制寄递的物品超出规定范围的；

(7) 用户寄递的快件不符合储存、转运安全要求的；

(8) 快递企业依法要求用户开拆所交寄的信件，用户拒绝开拆的；

(9) 法律、行政法规和国家规定的其他情形。

二、快件安全协议

快件寄递安全协议书(样本)

甲方：×××快递公司

乙方：(公司、网店名称) + (个人名字) + (身份证号) + (联系电话)

为了确保客户快件寄递安全，营造安全和谐的社会环境，根据《中华人民共和国邮政法》及国家邮政管理局制定的《寄递服务企业收寄物品安全管理规定(试行)》和国家安全部门的有关要求。经双方协商，订立如下协议。

一、甲乙双方共同遵守《中华人民共和国邮政法》及《邮政行业安全监督管理办法》

《寄递服务企业收寄物品安全管理规定》《禁寄物品指导目录及处理办法》中快件寄递的规定。

二、乙方交寄快件应当遵守国家关于禁止寄递或限制寄递物品的规定，不得通过寄递渠道危害国家安全，公共安全和公民、法人及其他组织的合法权益。

三、乙方承诺在自行封装的物品中不含以下物品：

（一）各类武器、弹药，如枪支、子弹、炮弹、手榴弹等；

（二）各类爆炸性物品，如雷管、炸弹等；

（三）各类燃烧性物品，包括液体、气体和固体，如汽油、酒精、生漆、气雾剂、气体打火机等；

（四）各类腐蚀性物品，如火硫酸、盐酸、硝酸等危险化学品；

（五）各类烈性毒药，如砒霜等；

（六）各类麻醉药物，如鸦片、大麻、冰毒等；

（七）各类生化制品和传染性物品；

（八）各类危害国家安全和社会稳定的印制品；

（九）各类妨害公共卫生的物品；

（十）国家法律、法规、行政规章明令禁止流通，寄递或进出境的物品；

（十一）包装不妥，可能危害人身安全，污染或者损毁其他寄递件、设备的物品等；

（十二）其他禁止寄递的物品。

四、乙方如实填写寄递运单，包括寄件人、收件人姓名、地址和寄递物品的名称、类别、数量等，甲方应该核对寄件人和收件人的信息，准确注明快件的重量和资费。

五、甲方有权要求乙方当面验视交寄物品，检查是否属于国家禁止或限制寄递的物品，以及物品的名称、类别、数量等是否与寄递运单所填写的内容一致。国家规定需乙方提供有关书面凭证的，乙方有义务提供凭证原件，甲方核对无误后，予以收寄。

六、乙方拒绝验视，拒不如实填写寄递运单，拒不提供书面凭证的，甲方可以拒绝收寄。

七、甲方在已经收寄的快件中发现有上述物品的，依据《禁寄物品指导目录及处理办法》处理，可以停止转发和派送，对其中依法需要没收或者销毁的物品，有权立即向有关部门报告，并配合有关部门处理。

八、对已经收寄的不需要没收、销毁的禁寄物品以及一同查处的禁寄物品之外的物品，甲方联系乙方妥善处理。

九、乙方违反规定寄递国家规定的禁寄物品,违法邮寄国家禁止出境或限制出境的物品,被国家有关部门查处的,由乙方承担相应的法律责任,由此对甲方或者公民、法人及其他组织造成损害的,由乙方依法承担赔偿责任。

十、本协议自双方签字之日起生效。

十一、本协议一式二份,甲乙双方各一份。

甲方:　　　　　　　　　　　乙方:

单位代表:　　　　　　　　　单位代表:

单位盖章:　　　　　　　　　单位盖章:

三、国内快件常见禁寄物品

寄递企业完成收寄后发现禁寄物品或者疑似禁寄物品的,应当停止发运,立即报告事发地邮政管理部门。

1. 枪支(含仿制品、主要零部件)弹药(图1-40)

(1)枪支(含仿制品、主要零部件):如手枪、步枪、冲锋枪、防暴枪、气枪、猎枪、运动枪、麻醉注射枪、钢珠枪、催泪枪等。

(2)弹药(含仿制品):如子弹、炸弹、手榴弹、火箭弹、照明弹、燃烧弹、烟幕(雾)弹、信号弹、催泪弹、毒气弹、地雷、手雷、炮弹、火药等。

图1-40　枪支弹药

2. 管制器具(图1-41)

(1)管制刀具:如匕首、三棱刮刀、带有自锁装置的弹簧刀(跳刀),其他类似的单刃、双刃、三棱尖刀等。

(2)其他:如弩、催泪器、电击器等。

图1-41　管制器具

3.爆炸物品(图1-42)

(1)爆破器材:如炸药、雷管、导火索、导爆索、爆破剂等。

(2)烟花爆竹:如烟花、鞭炮、摔炮、拉炮、砸炮、彩药弹等烟花爆竹及黑火药、烟火药、发令纸、引火线等。

(3)其他:如推进剂、发射药、硝化棉、电点火头等。

图1-42　爆炸物品

4.压缩和液化气体及其容器(图1-43)

(1)易燃气体:如氢气、甲烷、乙烷、丁烷、天然气、液化石油气、乙烯、丙烯、乙炔、打火机等。

(2)有毒气体:如一氧化碳、一氧化氮、氯气等。

(3)易爆或者窒息、助燃气体:如压缩氧气、氮气、氦气、氖气、气雾剂等。

5.易燃液体(图1-44)

如汽油、柴油、煤油、桐油、丙酮、乙醚、油漆、生漆、苯、酒精、松香油等。

图1-43 压缩和液化气体及其容器

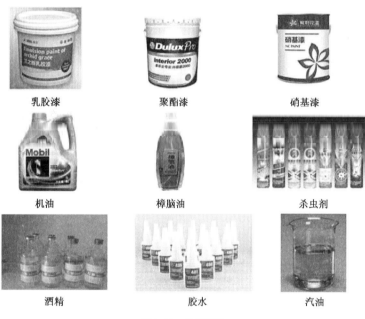

图1-44 易燃液体

6. 易燃固体、自燃物质、遇水易燃物质(图1-45)

(1)易燃固体:如红磷、硫黄、铝粉、闪光粉、固体酒精、火柴、活性炭等。

(2)自燃物质:如黄磷、白磷、硝化纤维(含胶片)、钛粉等。

(3)遇水易燃物质:如金属钠、钾、锂、锌粉、镁粉、碳化钙(电石)、氰化钠、氰化钾等。

7. 氧化剂和过氧化物(图1-46)

如高锰酸盐、高氯酸盐、氧化氢、过氧化钠、过氧化钾、过氧化铅、氯酸盐、溴酸盐、硝酸盐、过氧化氢(双氧水)等。

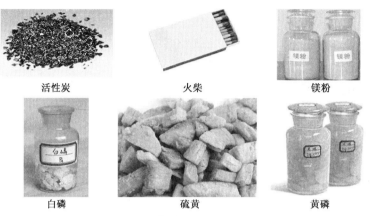

图 1-45　易燃固体、自燃物质、遇水易燃物质

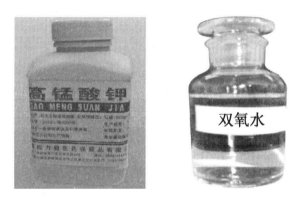

图 1-46　氧化剂和过氧化物

8. 毒性物质(图 1-47)

如砷、砒霜、汞化物、铊化物、氰化物、硒粉、苯酚、汞、剧毒农药等。

农药

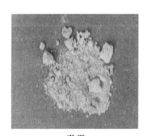
砒霜

铊

图 1-47　毒性物质

9. 生化制品,传染性、感染性物质(图1-48)

如病菌、炭疽、寄生虫、排泄物、医疗废弃物、尸骨、动物器官、肢体、未经硝制的兽皮、未经药制的兽骨等。

血液　　　　　医疗废弃物

图1-48　生化制品、传染性、感染性物质

10. 放射性物质(图1-49)

如铀、钴、镭、钚等。

钴　　　　　铀

图1-49　放射性物质

11. 腐蚀性物质(图1-50)

如硫酸、硝酸、盐酸、蓄电池补充液、氢氧化钠、氢氧化钾等。

12. 毒品(图1-51)及吸毒工具、非正当用途麻醉药品和精神药品、非正当用途的易制毒化学品

(1)毒品、麻醉药品和精神药品:如鸦片(包括罂粟壳、花、苞、叶)、吗啡、海洛因、可卡因、大麻、甲基苯丙胺(冰毒)、氯胺酮、甲卡西酮、苯丙胺、安钠咖等。

(2)易制毒化学品:如胡椒醛、黄樟素、黄樟油、麻黄素、伪麻黄素、羟亚胺、邻酮、苯乙酸、溴代苯丙酮、醋酸酐、甲苯、丙酮等。

(3)吸毒工具:如冰壶等。

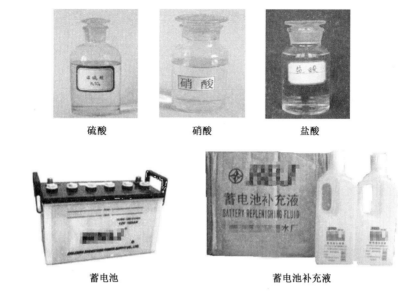

图 1-50 腐蚀性物质

图 1-51 毒品

13. 非法出版物、印刷品、音像制品等宣传品

如含有反动、煽动民族仇恨、破坏国家统一、破坏社会稳定、宣扬邪教、宗教极端思想、淫秽等内容的图书、刊物、图片、照片、音像制品等。

14. 间谍专用器材

如暗藏式窃听器材、窃照器材、突发式收发报机、一次性密码本、密写工具、用于获取情报的电子监听和截收器材等。

15. 非法伪造物品

如伪造或者变造的货币、证件、公章等。

16. 侵犯知识产权和假冒伪劣物品

（1）侵犯知识产权：如侵犯专利权、商标权、著作权的图书、音像制品等。

（2）假冒伪劣物品：如假冒伪劣的食品、药品、儿童用品、电子产品、化妆品、纺织品等。

17. 濒危野生动物及其制品

如象牙、虎骨、犀牛角及其制品等。

18. 禁止进出境物品

如有碍人畜健康的、来自疫区的，以及其他能传播疾病的食品、药品或者其他物品；内容涉及国家秘密的文件、资料及其他物品。

19. 其他物品

《危险化学品目录》《民用爆炸物品品名表》《易制爆危险化学品名录》《易制毒化学品的分类和品种目录》《中华人民共和国禁止进出境物品表》载明的物品和《人间传染的病原微生物名录》载明的第一、二类病原微生物等，以及法律、行政法规、国务院和国务院有关部门规定禁止寄递的其他物品。

四、国际快件禁限寄规定

（一）中国海关禁止进境的物品

（1）各种武器、仿真武器、弹药及爆炸物品。

（2）伪造的货币及伪造的有价证券。

（3）对中国政治、经济、文化、道德有害的印刷品、胶卷、照片、唱片、影片、录音带、录像带、激光视盘、计算机存储介质及其他物品。

有下列内容之一的印刷品或音像制品，禁止进境：

①反对宪法确定的基本原则的；危害国家统一、主权和领土完整的；危害国家安全或者损害国家荣誉和利益的；攻击中国共产党，诋毁中华人民共和国政府的；煽动民族仇恨、民族歧视，破坏民族团结，或者侵害民族风俗、习惯的；

②宣扬邪教、迷信的；

③扰乱社会秩序,破坏社会稳定的;

④宣扬淫秽、赌博、暴力或者教唆犯罪的;

⑤侮辱或者诽谤他人,侵害他人合法权益的;

⑥危害社会公德或者民族优秀文化传统的;

⑦国家主管部门认定禁止进境的;

⑧法律、行政法规和国家规定禁止的其他内容。

(4)各种烈性毒药。

(5)鸦片、吗啡、海洛因、大麻以及其他能使人成瘾的麻醉品、精神药物。

(6)带有危险性病菌、害虫及其他有害生物的动物、植物及其产品。

(7)有碍人畜健康的、来自疫区的以及其他能传播疾病的食品、药品或其他物品。

(二)中国海关禁止出境的物品

(1)列入禁止进境范围的所有物品。

(2)内容涉及国家秘密的手稿、印刷品、胶卷、照片、唱片、影片、录音带、录像带、激光视盘、计算机存储介质及其他物品。

有下列内容之一的印刷品或音像制品,禁止出境:

①反对宪法确定的基本原则的;危害国家统一、主权和领土完整的;危害国家安全或者损害国家荣誉和利益的;攻击中国共产党,诋毁中华人民共和国政府的;煽动民族仇恨、民族歧视,破坏民族团结,或者侵害民族风俗、习惯的;

②宣扬邪教、迷信的;

③扰乱社会秩序,破坏社会稳定的;

④宣扬淫秽、赌博、暴力或者教唆犯罪的;

⑤侮辱或者诽谤他人,侵害他人合法权益的;

⑥危害社会公德或者民族优秀文化传统的;

⑦国家主管部门认定禁止进境的;

⑧法律、行政法规和国家规定禁止的其他内容;

⑨涉及国家秘密的;

⑩国家主管部门认定禁止出境的。

(3)珍贵文物及其他禁止出境的文体。

(4)濒危的和珍贵的动物、植物(均含标本)及其种子和繁殖材料。

禁止进出口的寄递物品由海关扣留。从扣留之日起三个月内,国际进口快件由收件人或其代理人退寄回国外,国际出口快件由寄件人或其代理人领回;过期不退或者不领,海关即予没收。对政治、经济、文化、道德、卫生有害的寄递物品,海关即予没收。

(三) 中国海关限制进境的物品

(1) 无线电收发信机、通信保密机。

(2) 烟、酒。

(3) 濒危的和珍贵的动物、植物(均含标本)及其种子和繁殖材料。

(4) 国家货币。

(5) 海关限制进境的其他物品。

(四) 中国海关限制出境的物品

(1) 金银等贵重金属及其制品。

(2) 国家货币、外币及有价证券。

(3) 无线电收发信机、通信保密机。

(4) 贵重中药材,个人寄递中药材、中成药出境,寄往港澳地区的,总值限人民币一百元;寄往国外的,总值限人民币二百元。

(5) 一般文物,寄递文物(含已故现代著名书画家的作品)出口,必须向海关申报。

(6) 海关限制出境的其他物品。

(五) 常见隐含危险性物品

常见隐含危险性的物品见表1-3。

常见隐含危险性的物品　　表1-3

类　别	可能含有的危险性物品
液体	可能含有易燃物的液体或液化气体
化学品	易燃固体、氧化剂、有机过氧化物、有毒或腐蚀性物质
医用品	可能含有传染性物质、放射性材料、压缩或液化气体、汞、毒性或腐蚀性物质
电器电动设备	可能含有磁性物质或水银,电池等
车辆零部件	可能含有磁性物质、蓄电器等
药品	可能有危险的化学品和有毒物质
机器零件	可能有油性黏合剂、涂料等
私人物品	清洁剂、火柴、黏合剂、漂白剂等、香水、摩丝、指甲油等
玩具	迷你电风扇等带有磁性物质的玩具

(六) 特殊禁限寄物品中英文对照

客户在寄递快件的过程中,由于部分客户可能对快递行业缺乏了解,有时会寄递一些禁止或是限制寄递的物品,快递员在收寄件过程中,尤其注意某些物品的铭牌或是外包装是否有以下特殊禁限寄物品。表1-4为特殊禁限寄物品中英文对照。

特殊禁限寄物品中英文对照 表1-4

物品种类中文名称	物品种类英文名称
危险性的	HAZARDOUS DANGEROUS
污染性物质的	POLLUTION POLLUTER
有传染性的	INFECTIOUS
腐蚀性的	CORROSIVE
限制性的	RESTRICTED
有毒性的	TOXIC
放射性的	RADIOACTIVE

如客户寄递物品为粉末状物体、液体、结晶体或疑似危险品(如钢瓶或棕色瓶),经授权单位检测后认定为非危险品,才可作为"非危险品"运输。如客户寄递物品为磁性物品,则需对磁性物体做防磁处理,并进行验磁检测,出具报告后方可寄递。

五、常见寄递物品中英文名称

文件类寄递物品中英文名称见表1-5,纺织品类寄递物品中英文名称见表1-6,家居用品类寄递物品中英文名称见表1-7,文休用品类寄递物品中英文名称见表1-8。

文体类寄递物品中英文名称 表1-5

物品中文名称	物品英文名称
商业文件	Business documents
合同	Contract
货单	Manifest
手稿	Manuscript
担保书	Assure letter
协议书	Agreement
报价单	Price list
舱单	Shipping list
提单	Bill of loading
订单	Order form
公证书	Notarial deed
招标书	Documents for inviting tenders
邀请信	Letter of invitation
机票	Flight ticket

续上表

物品中文名称	物品英文名称
委托书	Trust deed
信用卡	Credit card
汽车驾驶执照	Driving licence
护照	Passport
身份证	Identity card
证件	Certificate

纺织品类寄递物品中英文名称　　　　　　　　　　表1-6

物品中文名称	物品英文名称
衣服	Clothes
连衣裙	Dress
内衣	Underwear
睡衣	Pyjamas
胸罩	Bra
皮鞋	Leather shoes
衬衫	Shirt
羊毛衫	Woolen sweater
运动鞋	Sports shoes
运动衫	Sports jacket
长裤	Trousers
牛仔裤	Jeans
裙子	Skirt
上衣	Coat
夹克衫	Jacket
腰带	Belt
大衣	Overcoat
鸭绒被	Downy quilt
毛巾被	Toweling coverlet
皮夹克	Leather jacket
床罩	Coverlet
泳衣	Swimsuit
领带	Tie
手套	Gloves

续上表

物品中文名称	物品英文名称
丝绸	Silk
缎子	Satin
绒线	Knitting wool
毛毯	Woolen blanket
线毯	Cotton blanket
睡袋	Sleeping bag
靠垫	Cushion
斗篷	Cape

家居用品类寄递物品中英文名称　　　　表1-7

物品中文名称	物品英文名称
皮箱	Leather trunk
手提包	Handbag
扇子	Fan
爽身粉	Talcum powder
发夹	Hair-pin
镜子	Mirror
饭盒	Lunch box
茶壶	Teapot
茶杯	Teacup
水壶	Kettle
茶具	Tea set
充电器	Charger
闹钟	Alarm clock
眼镜	Glasses
手帕	Handkerchief

文体用品类寄递物品中英文名称　　　　表1-8

物品中文名称	物品英文名称
钢笔	Pen
圆珠笔	Ball pen
制图仪器	Drawing instrument
尺子	Ruler

续上表

物品中文名称	物品英文名称
圆规	Compasses
唱片	Disc
录音带	Tape
录像带	Video cassette
乐器	Musical instrument
乒乓球	Ping-pong ball
球拍	Bat
羽毛球	Badminton
篮球	Basketball
排球	Volleyball
纸牌	Poker

第四节 快件封装与计费

一、不规则物品的封装

(一) 不规则物品的包装

1. 重型圆柱体物品

重型圆柱体物品应绑在托盘上,一定要避免悬垂并使托盘可堆码(图1-52)。较轻的管状物品可以包装在一个三角形的运输管子里。

图1-52 重型圆柱物品包装

2. 没有外包装的大型物品

没有外包装的大型物品应绑在托盘上,然后在它们周围制作一个保护木框,或用翻过来的箱子盖上(图1-53);使用额外填充物保护那些可能暴露出来的锋利边缘。

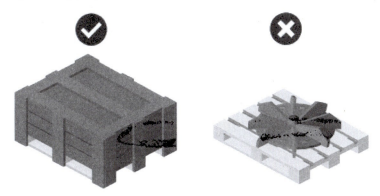

图1-53　没有外包装的大型物品包装

3. 锋利或突出的物品

锋利或突出物品应包在保护性填充物中后再放入箱子里(图1-54)。切勿使任何东西从包装好的箱子中突出来,因为在堆码时有损坏的风险。如有必要,可以使用更大的箱子或考虑托盘。

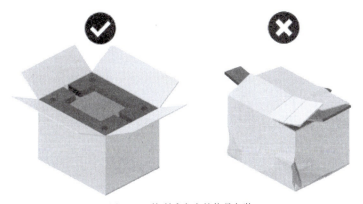

图1-54　锋利或突出的物品包装

4. 发动机和其他汽车部件

发动机和其他汽车部件必须放置在板条箱中,如在托盘上要有加固支撑且四面覆盖加强纸板和边缘保护物(图1-55)。所有液体/燃油应在运输前从发动机或部件中完全排出。部件不得伸出托盘本身边缘,否则会有在处理过程中破损的危险。如果部件不能够直接贴合托盘,应放置在板条箱内,或者适合叉车操作的合适尺寸的基座上。

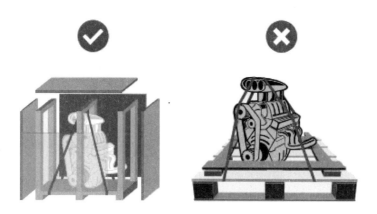

图 1-55　发动机和其他汽车部件包装

5. 汽车和其他车辆轮胎

汽车和其他车辆轮胎必须使用收缩包装并放置在标准的托盘上，同时使用金属或坚固的塑料绑扎来加固货物（图 1-56）。码放的轮胎顶部必须覆盖纸板、木质或者塑料保护物以避免轮胎或其他货物破损。如果用客户定制的汽车轮胎包装箱，包装箱必须能够承载轮胎重量，边缘必须平滑且非圆形。

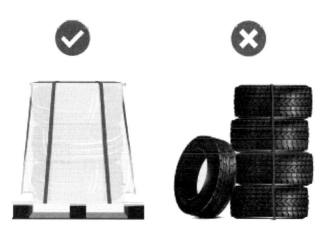

图 1-56　汽车和其他车辆轮胎包装

6. 工业设备

工业设备应该放置在板条箱中，或者在托盘上有牢固支撑，有加强纸板贴合覆盖，并且有边缘保护物（图 1-57）。所有液体/燃油应在运输前从设备中完全排出。顶部较大的重货应装载在宽的基座上，以避免在运输中不稳定。

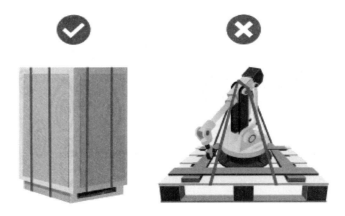

图1-57　工业设备包装

7.电缆卷轴和线轴

电缆卷轴不适用于散货运输,应将电缆卷轴平面放置在尺寸合适的托盘上,以便货物可以安全地堆叠在顶部(图1-58);较重的卷轴需要用木块支撑在托盘上。

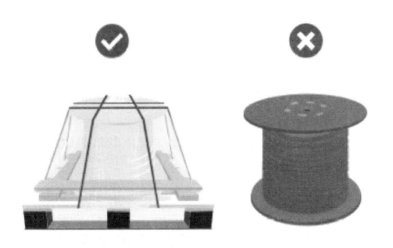

图1-58　电缆卷轴和线轴包装

8.面板玻璃/挡风玻璃

面板玻璃/挡风玻璃应该包装在一个箱子或者木质板条箱内,确保在正常处理过程中免受扭力(图1-59)。可用聚苯乙烯泡沫塑料管围绕面板或玻璃边缘,并用泡沫包裹物完全覆盖。聚苯乙烯泡沫塑料嵌入物应防止任何面板或玻璃在包装箱内移动,并保持距箱外壁6厘米的最小间隔距离。包装箱的所有侧面应贴上"玻璃"特殊处理标签。

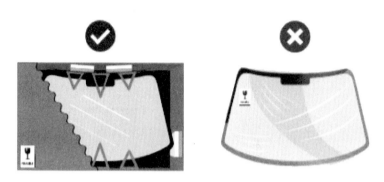

图 1-59　面板玻璃/挡风玻璃包装

9. 油桶

油桶应放在塑料托盘或者模板间隔小于 2 厘米的硬木托盘上运输（图 1-60）。纤维板必须放置在油桶的顶部、内部和油桶之间，并以托盘为基座，以避免运输中移动或破损。使用至少两个金属或者不易碎的塑料背带将油桶在托盘上进行加固。使用边角夹板/背带保护物起到油桶和背带之间的保护作用，以避免油桶表面在运输过程中破损。运输多个油桶时，要在托盘上加固之前将油桶捆扎到一起。

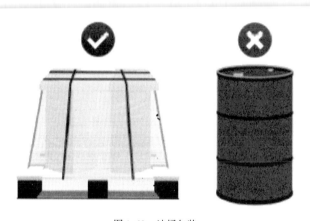

图 1-60　油桶包装

10. 大型电子产品

运送大型电视要格外小心，制造商设计的包装通常只适用于散货运输而没有考虑快递运输要求。在使用制造商提供的原始包装箱时确保包装箱内空余空间使用填充物。如果制造商提供的包装不是双层的，确保将货物放置在合适的双层纸板箱内。在运送多台电视机时，要把货物放置在足够大的托盘上，以避免货物伸出托盘边缘（图 1-61）。使用不易碎的塑料背带将电视机固定到托盘上并使用收缩包装。为了确保更安全的顶部负载,要在货物顶部放置缓冲材料并用纸板覆盖货物所有侧面。

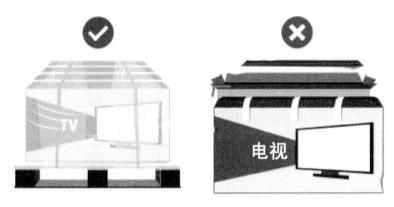

图1-61 大型电子产品包装

11. 行李、运动设备和乐器

应用硬箱运输行李、运动设备或者乐器(图1-62)。为了加强对箱子表面和标记的保护,要将硬箱置于纸板外包装箱中。如果没有硬箱,要把物品放置在双层纸板箱中,并用几层泡沫包装覆盖。填充所有空余空间以避免货物在运输中晃动。要确保物品被完全包装,如有部分设备从箱子中突出,则很容易破损。

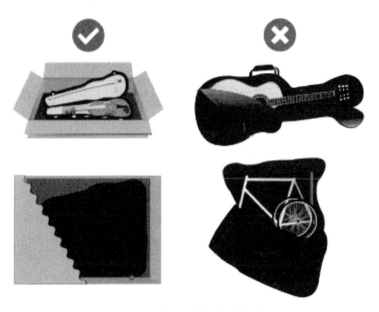

图1-62 行李、运动设备和乐器包装

12.地毯和纺织品卷

应将地毯或纺织品卷裹紧实,为了防止弯曲,可先使用坚固的螺旋缠绕纸板管进行支撑。同时注意保护卷筒的末端,以避免被重型纸板或硬纸板损坏。然后将卷筒放在厚厚的塑料袋内,或使用强力塑料薄膜多次包裹,最后使用聚丙烯胶带或电缆扎带密封两端。

地毯或纺织品卷可以叠放在托盘上,但应遵循交替堆叠模式,并且必须捆扎和使用收缩包装以保证其稳固性。如图 1-63 所示。

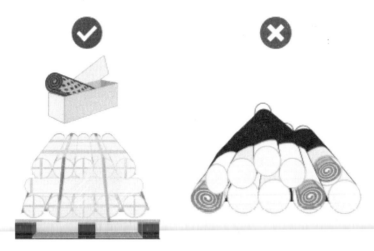

图 1-63　地毯和纺织品卷包装

(二)不规则物品运单的粘贴

1.圆柱形快件的运单粘贴(图 1-64)

圆柱底面足够大(能平铺粘贴运单),将运单粘贴在圆柱形物体的底面,注意运单不得架在底面边缘,避免快件叠放时把运单磕破。例如油漆桶,把运单粘贴在底面正中央位置,不得贴在边缘高起的脚上。如果圆柱物体较小,底部无法平整粘贴运单,则将运单环绕圆柱面粘贴,注意运单号码不得被遮盖。例如奶粉罐,将运单环绕罐身粘贴,为了运单粘贴的牢固,运单粘贴好之后需加贴透明胶纸环绕两底部粘贴运单,确保运单不会顺着罐身滑落。

2.锥形物体的运单粘贴(图 1-65)

体积较大的锥形物体,选择能完整粘贴运单的最大侧面,平整粘贴运单。体积较小的锥形物体,如果单个侧面无法平整粘贴运单,可将运单内容部分粘贴在不同的两个侧面,但运单条码必须在同一个侧面上,不能折叠。

图 1-64　圆柱形快件的运单粘贴

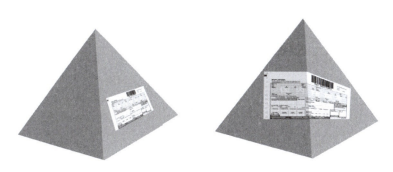

图 1-65　锥形物体的运单粘贴

3. 小物品快件的运单粘贴（图 1-66）

对于体积特别小、不足以粘贴运单（即运单环绕一周能把整个快件包裹起来）的快件，通常称为小件。为了保护快件的安全，避免遗漏，建议将其装在文件封或防水文件袋中寄递。运单粘贴在文件封或防水文件袋的指定位置。

4. 特殊包装快件的运单粘贴

首先，运单的条码不得被覆盖，包括不得被物品覆盖和不得被颜色覆盖；其次，运单条码不得被折，即运单的条码须在同一表面展示，不得折叠或在两个（含以上）表面（图 1-67）。

二、易碎、密封包装液体物品的封装

按快件的属性，可分为易碎物品和密封包装液体物品两类。易碎物品又分为：商品本身易碎物品，容器易碎物品两类；密封包装液体物品分为：密封包装不易碎、内件呈液体（含膏状）物品，密封包装易碎、内件呈液体物品两类。

图1-66 小物品快件的运单粘贴　　　　图1-67 运单粘贴错误示例

(一) 商品本身易碎物品的封装

1. 检查销售包装的质量及可靠性

商品在销售包装内不可晃动,商品之间应有安全隔断,商品与销售包装之间应填充有安全缓冲材料。带有电池的商品,主机与随机电池应分别封装。

(1) 对商品在销售包装内未进行固定、缓冲保护的、内装多个商品、商品间未做安全隔断防护的、主机与随机电池未分别封装的,应重新进行封装处理。

(2) 对不允许对销售包装内件商品进行封装保护处理、仅依靠在销售包装外做防护处理又无法保证在常态寄递条件下安全寄递的,应拒绝受理其寄递要求。

2. 覆裹内件

对无销售包装或销售包装安全的,应按照其裸件或商品销售规格,截取气垫厚度0.4cm以上、直径1cm的气垫膜覆裹2层以上,形成覆裹层0.8cm以上厚度的茧状覆裹件。对带有电池的商品,应分别对主机和随机电池进行覆裹。

3. 密封处理

对未进行防潮处理的商品,应按照完成覆裹的茧状覆裹件或商品销售包装规格,选取适宜尺寸的防潮、防泄漏塑封袋,密封处理。

4. 封合

使用宽4cm以上聚丙烯或聚乙烯胶带,压盖茧状覆裹件、经过密封处理的茧状覆裹件或商品销售包装,进行封合。

5. 外包装箱内壁封栏

按照茧状覆裹件成茧规格或商品销售包装规格,选取适宜尺寸、强度的5层及5层以上瓦楞纸箱为外包装箱;截取 1cm 及以上厚度蜂窝纸板或 EPS 板,对外包装箱进行封栏处理。截取蜂窝纸板或 EPS 板时,可多层黏合形成。对外包装箱内置多个待封装物、外包装箱体积较大的,待封装物间(包括商品的底部和顶部)应使用 0.3cm 及以上厚度瓦楞纸板或 EPS 板交叉竖立在箱内,将箱内空间分割成一层或多层若干个(视内装商品数量而定)网格状空间,将待封装物置入。

6. 填充外包装箱

在外包装箱已封栏底面,铺衬 2cm 及以上厚度气垫膜、聚氨酯泡沫或 EPS 板,使用气垫厚度 0.4cm 以上、直径 1cm 气垫膜,严实填充。

7. 封合外包装箱

使用宽 4cm 以上聚丙烯或聚乙烯胶带,封合外包装箱;粘贴运单。

(二)容器易碎物品的封装

封装步骤与商品本身易碎物品的步骤基本相同,仅第 6 步"填充外包装箱"时,应选取或现场制作厚度 3cm 以下缓冲气囊,严实填充。

(三)密封包装不易碎、内件呈液体(含膏状)物品的封装

1. 检查销售包装的质量及可靠性

商品在销售包装内不可晃动;商品之间应有安全隔断;商品与销售包装之间应填充有安全缓冲材料。

(1)对商品在销售包装内未进行固定、缓冲保护的,内装多个商品、商品间未做安全隔断防护的,应重新进行封装处理。

(2)对不允许对销售包装内件商品进行封装保护处理、仅依靠在销售包装外做防护处理又无法保证在常态寄递条件下安全寄递的,应拒绝受理其寄递要求。

2. 覆裹内件

对无销售包装或销售包装安全的,应按照其裸件或商品销售规格,截取与密封包装内液体体积 1.2 倍的吸附棉,覆裹内件;截取气垫膜覆裹 1 层以上,形成覆裹层 0.5cm 以上厚度的茧状覆裹件。

3. 密封处理

对已覆裹的密封包装不易碎、内件呈液体的物品,应按其规格,选取适宜尺寸的防泄漏塑封袋,密封处理。

4. 封合

使用宽 4cm 以上聚丙烯或聚乙烯胶带,压盖茧状覆裹件、经过密封处理的茧状覆裹件,进行封合。

5. 填充外包装箱

按照茧状覆裹件成茧规格或商品销售包装规格,选取适宜尺寸、强度的 5 层及 5 层以上瓦楞纸箱为外包装箱;选取或现场制作厚度 3cm 以下缓冲气囊,严实填充。

6. 封合外包装箱

使用宽 4cm 以上聚丙烯或聚乙烯胶带,封合外包装箱;粘贴运单。

(四)密封包装易碎、内件呈液体物品的封装

1. 检查销售包装的质量及可靠性

同"(三)密封包装不易碎、内件呈液体(含膏状)物品的封装"的相关内容。

2. 覆裹内件

对无销售包装或销售包装安全的,应按照其裸件或商品销售包装单个规格,截取与密封包装内液体体积 1.2 倍的吸附棉,覆裹内件;选取或现场制作缓冲气囊覆裹内件。覆裹时,应使用厚度 3cm 以下的小气囊覆裹 1 层及 1 层以上,再使用厚度 1cm 以上的大气囊覆裹内件四侧及上、下六面,形成茧状覆裹件。

3. 密封处理

同"(三)密封包装不易碎、内件呈液体(含膏状)物品的封装"的相关内容。

4. 封合

同"(三)密封包装不易碎、内件呈液体(含膏状)物品的封装"的相关内容。

5. 外包装箱内壁封栏

按照茧状覆裹件成茧规格或商品销售包装规格,选取适宜尺寸、强度的 5 层及 5 层以上瓦楞纸箱为外包装箱;截取 1.5cm 及以上厚度蜂窝纸板或 EPS 板,对外包装箱进行封栏处理。截取蜂窝纸板或 EPS 板时,可多层黏合形成。对外包装箱内置多个待封装物、外包装箱体积较大的,待封装物间(包括商品的底部和顶部)应使用 1cm 及以上厚度瓦楞纸板或 EPS 板交叉竖立在箱内,将箱内空间分割成一层或多层若干个(视内装商品数量而定)网格状空间,将待封装物置入。

6. 填充外包装箱

选取或现场制作厚度 3cm 及以上缓冲气囊,严实填充。

7. 封合外包装箱

易碎、密封包装液体物品封装处理流程如图 1-68 所示。

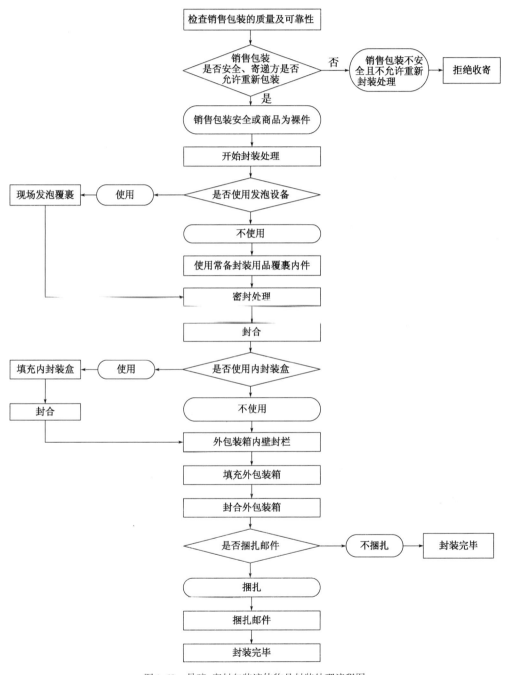

图 1-68　易碎、密封包装液体物品封装处理流程图

三、国际快件资费计算

1. 国际快件服务费用组成

（1）资费是指快递企业向寄件人提供快递承运服务时，以快件的重量为基础，向客户收取的承运费用。

（2）燃油附加费是快递企业收取的反映燃料价格变化的附加费。一般随着国际油价浮动，由各快递企业自行确定。

（3）包装费是快递企业向客户提供包装材料所收取的费用。

（4）偏远地区附加费是快递企业向客户收取的，在偏远地址收寄或派送快件的，区别于资费之外的服务费用。

（5）保价费是快递企业在承运快件的过程中收取的向客户提供保价服务的费用。

（6）垫付关税是指国家授权海关对出入境的货物和物品征收的一种税，按征税商品流向可以划分进口税、出口税和过境税。

（7）商检费是指快递企业代客户对货物进行检验、检疫等产生的费用。

（8）保险费是保险公司在快递企业承运客户快件的过程中向客户收取的服务费用，以保障客户在快件出现约定损失后获得相应的赔偿。

2. 资费计算

在国际快递业务中，一般采用首重加续重计算方法，资费计算公式为：

$$资费 = 首重价格 + (计费重量 - 首重) \times 单价$$

由于国际业务涉及全球多个国家和地区，所以快递企业为了快递员能够更加迅速地计算国际快件的服务费，同时也可以让客户更加直观地了解寄递到各个国家的费用情况，快递企业大都采用分区收费的方法，按照各个国家的地理位置自行制定收费规则。由于各个企业分区方法各有所异，以各大洲部分国家分5个区域为例介绍分区收费方法。

国际快递一般根据寄达目的地国家的不同，制定不同的收费标准，快递企业先按国别分成不同的区域，然后将每一区域的资费计算好，做成表格的形式方便查询。

国际快递资费的计算步骤：

（1）查找目的地国家所在区域（表1-9）。

（2）查看所寄递物品是文件类还是包裹类。

（3）根据快件重量所在的横行与该快件所在区域的竖列相交，即为运费金额（表1-10）。

例：请查询到英国的8千克包裹类快件的运费价格。

步骤一：在表1-9中查找英国所在区域为4区。
步骤二：确定该快件为包裹类快件。
步骤三：确定表1-10中8千克包裹所在横行与4区所在竖列的数值，610元即为该快件的运费金额。

某企业国际快递业务区域表　　　　　　　　　　　　　　　　表1-9

区　域	服务国家和地区
1区	日本、韩国
2区	埃及、南非
3区	美国、加拿大
4区	俄罗斯、英国、法国
5区	新西兰

国际快递业务区域收费计算表（单位：人民币元）　　　　　　表1-10

类　别		区域				
		1区	2区	3区	4区	5区
文件类（千克）	0.5	90	100	120	90	130
	1	110	120	140	110	145
	1.5	130	140	160	130	160
	2	150	160	180	150	175
	2.5	170	180	200	170	190
包裹类（千克）	0.5	150	180	190	160	210
	1	180	220	235	190	250
	1.5	210	260	280	220	290
	2	240	300	325	250	330
	2.5	270	340	370	280	370
	3	300	380	415	310	410
	3.5	330	420	460	340	450
	4	360	460	505	370	490
	4.5	390	500	550	400	530
	5	420	540	595	430	570
	5.5	450	580	640	460	610
	6	480	620	685	490	650
	6.5	510	660	730	520	690
	7	540	700	775	550	730
	7.5	570	740	820	580	770
	8	600	780	865	610	810
	8.5	630	820	910	640	850
	9	660	860	955	670	890

四、常见国家及其首都的中英文名称及缩写、电话区号和邮政编码格式

常见国家及其首都的中英文名称及缩写、电话区号和邮政编码格式见表1-11。

常见国家及其首都的中英文名称及缩写、电话区号和邮政编码格式　　表1-11

所在大洲	国　　家	英文缩写	首　都	电话区号	邮政编码格式
亚洲	缅甸 Burma	MM	内比都 Nay Pyi Taw	95	无
	中国 China	CN	北京 Beijing	86	××××××
	印度 India	IN	新德里 New Delhi	91	××××××
	印度尼西亚 Indonesia	ID	雅加达 Jakarta	62	×××××
	伊朗 Iran	IR	德黑兰 Tehran	98	无
	日本 Japan	JP	东京 Tokyo	81	×××-××××
	韩国 Korea	KR	首尔 Seoul	82	××××××
	马来西亚 Malaysia	MY	吉隆坡 Kuala Lumpur	60	×××××
	巴基斯坦 Pakistan	PK	伊斯兰堡 Islamabad	92	×××××
	菲律宾 The Philippines	PH	马尼拉 Manila	63	××××
	卡塔尔 Qatar	QA	多哈 Doha	974	无
	沙特阿拉伯 Saudi Arabia	SA	利雅得 Riyadh	966	无
	新加坡 Singapore	SG	新加坡 Singapore	65	××××××
	泰国 Thailand	TH	曼谷 Bangkok	66	×××××
	阿拉伯联合酋长国 The United Arab Emirates	AE	阿布扎比 Abu Dhabi	971	无

续上表

所在大洲	国家	英文缩写	首都	电话区号	邮政编码格式
欧洲	奥地利 Austria	AT	维也纳 Vienna	43	××××
	白俄罗斯 Belarus	BY	明斯克 Minsk	375	××××××
	比利时 Belgium	BE	布鲁塞尔 Brussels	32	××××
	保加利亚 Bulgaria	BG	索非亚 Sofia	359	××××
	捷克 Czech	CZ	布拉格 Prague	420	×××××
	丹麦 Denmark	DK	哥本哈根 Copenhagen	45	××××
	芬兰 Finland	FI	赫尔辛基 Helsinki	358	×××××
	法国 France	FR	巴黎 Paris	33	×××××
	德国 Germany	DE	柏林 Berlin	49	×××××
	希腊 Greece	GR	雅典 Athens	30	×××××
	匈牙利 Hungary	HU	布达佩斯 Budapest	36	××××
	意大利 Italy	IT	罗马 Rome	39	×××××
	荷兰 Netherlands	NL	阿姆斯特丹 Amsterdam	31	××××××
	挪威 Norway	NO	奥斯陆 Oslo	47	××××
	波兰 Poland	PL	华沙 Warsaw	48	××-×××
	葡萄牙 Portugal	PT	里斯本 Lisbon	351	××××-×××

续上表

所在大洲	国　　家	英文缩写	首　　都	电话区号	邮政编码格式
欧洲	罗马尼亚 Romania	RO	布加勒斯特 Bucharest	40	××××××
	俄罗斯 Russia	RU	莫斯科 Moscow	7	××××××
	西班牙 Spain	ES	马德里 Madrid	34	×××××
	瑞典 Sweden	SE	斯德哥尔摩 Stockholm	46	×××××
	瑞士 Switzerland	CH	伯尔尼 Bern	41	××××
	乌克兰 Ukraine	UA	基辅 Kiev	380	×××××
	英国 The United Kingdom of Great Britain and Northern Ireland	GB	伦敦 London	44	多种格式
北美洲	加拿大 Canada	CA	渥太华 Ottawa	1	×××××
	古巴 Cuba	CU	哈瓦那 Havana	53	×××××
	墨西哥 Mexico	MX	墨西哥城 Mexico City	52	×××××
	美国 The United States of America	US	华盛顿哥伦比亚特区 Washington D. C.	1	×××××-××××
南美洲	阿根廷 Argentina	AR	布宜诺斯艾利斯 Buenos Aires	54	××××
	玻利维亚 Bolivia	BO	拉巴斯 La Paz	591	无
	巴西 Brazil	BR	巴西利亚 Brasilia	55	×××××
	智利 Chile	CL	圣地亚哥 Santiago	56	无
	秘鲁 Peru	PE	利马 Lima	51	无

续上表

所在大洲	国家	英文缩写	首都	电话区号	邮政编码格式
南美洲	乌拉圭 Uruguay	UY	蒙得维的亚 Montevideo	598	无
	委内瑞拉 Venezuela	VE	加拉加斯 Caracas	58	无
非洲	阿尔及利亚 Algeria	DZ	阿尔及尔 Algiers	213	×××××
	埃及 Egypt	EG	开罗 Cairo	20	无
	肯尼亚 Kenya	KE	内罗毕 Nairobi	254	无
	利比亚 Libya	LY	的黎波里 Tripoli	218	无
	摩洛哥 Morocco	MA	拉巴特 Rabat	212	×××××
	尼日利亚 Nigeria	NG	阿布贾 Abuja	234	无
	南非 South Africa	ZA	开普敦 Cape Town	27	××××
	苏丹 Sudan	SD	喀土穆 Khartoum	249	无
	突尼斯 Tunisia	TN	突尼斯市 Tunis	216	××××
	赞比亚 Zambia	ZM	卢萨卡 Lusaka	260	无
大洋洲	澳大利亚 Australia	AU	堪培拉 Canberra	61	××××
	新西兰 New Zealand	NZ	惠灵顿 Wellington	64	××××

注：×表示任一阿拉伯数字。

五、港澳台快件收寄及英文名称、缩写和航空代码

1. 港澳台快递业务

（1）港澳台快递业务：寄件人和收件人分别在中华人民共和国境内和香港、澳门、台湾地区的快递服务。

（2）港澳台业务特点：快件的寄件人和收件人虽然在同一个国家，但是分别属于不同的行政管理特别区域，需要办理进出口报关业务。

2. 港澳台的英文名称、缩写和航空代码(表1-12)

港澳台的英文名称、缩写和航空代码　　表1-12

中文名称	英文名称	缩写	航空代码	备注
香港	Hong Kong	HK	HKG	
澳门	Macao	MO	MFM	
台湾	Taiwan	TW	TPE(台北)	

六、国际快递运单的填写

国际快递业务的纸质运单一般一式五联,分别是寄件人存根联、快递企业收件存根联、收件人存根联、随包裹报关联、快递企业派件存根联,各联的内容和版式完全相同,与国内快递业务运单相比,只是增加了随包裹报关联。

1. 国际快递运单的填写(图1-69、图1-70)

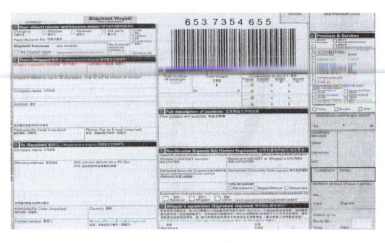

图1-69　国际快递运单样例一

国际快递业务的运单与国内运单相比,内容基本相同,需注意的区别主要有以下几个方面:

(1)寄递物品的申报价值。

国际快件在进出境时需要如实申报价值。国际快件在申报价值时应为该快件的实际价值或接近市场的价值,当申报的价值超过当地海关有关规定,就不能按照普通快件进行出口,需要客户提供特殊的清关单证正式报关出口。申报价值的高、低都会对快件产生影响。申报过高可能会在目的地产生税款,收件人需要缴纳税款后方能收到快件。申报过低在始发地出口时,海关会对申报价值质疑,要求重新申报或扣留货物甚至追究法律责任。

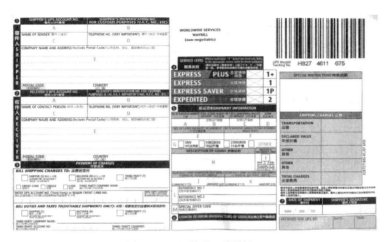

图1-70　国际快递运单样例二

（2）寄递物品品名。

应用英文明确标注详细物品名称，描述不全或模糊都有可能影响快件报关的速度。

（3）始发地和目的地代码。

为保证快件的时效，应准确填写始发地和目的地所在城市航空代码。

（4）区分快件种类。

准确区分快件为文件类还是包裹类，并对包裹类快件进行高低值区分。

（5）根据快件种类核实客户准备的单证是否齐全。

（6）保险。

国际快件有保险需求的，应在运单规定的位置标明，并按实际人民币价值标注快件的保险价值。

（7）确认关税支付方。

快递员应与客户确定关税支付方，关税的支付方可以是寄件人，也可以是收件人或是第三方。

（8）确认快件费用支付方。

可以是寄方、收方或是第三方。

（9）寄递物品的货物税号HS CODE，即海关编码。

编码协调制度由国际海关理事会制定，英文名称为The Harmonization Code System（HS Code）。海关编码必须准确地注明在快件运单的规定位置。

（10）企业海关注册号。

报关单位"进出口货物收发货人报关注册登记证书"上的10位数字的海关注册登记

编码,是企业唯一的和终身的经营单位编码,此号码需要标注在快件运单上。

2. 国际快递运单填写注意事项

(1)寄件人和收件人名址应使用英文、法文或寄达国通晓的文字书写。如用英文、法文之外的文字书写时,应使用中文、英文或法文加注寄达国国名和地址。

(2)文件类快件可只填写快递运单,包裹类快件除填写快递运单外还应填写形式发票。

(3)内件品名及详细说明等内容,应使用英文填写,申报价值以美元表示。

注:寄往香港、澳门、台湾地区的快件,寄件人、收件人名址可以只用中文书写。

(4)符合国际快件英文地址的书写要求。

3. 国际快递运单填写样例(图1-71、图1-72)

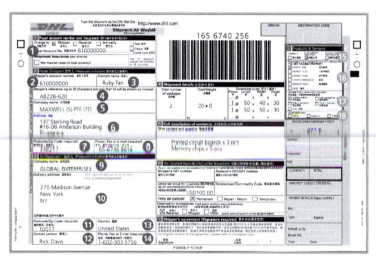

图1-71　DHL国际快递运单填写样例

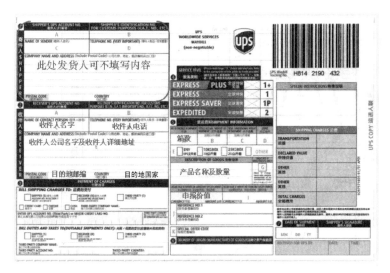

图 1-72　UPS 国际快递运单填写样例

第五节　收寄后处理

一、国际快递单证的处理

因国际快件涉及报关等业务,所以国际快件的操作不同于国内快件,要求将快递运单等详细单据资料提前汇总,整理后进行处理。

1. 整理单据

1) 单据的种类

根据进出口快件的类型,可以将单据分为以下两种类别:

(1) 文件类快件单据:将快递运单的第一联收集汇总即可。

(2) 包裹类快件单据:将快递运单第一联、形式发票、装箱单、报关委托书等资料一并整理。

2) 整理要点

在逐票汇总的过程中,需要分类整理,单独存放,即文件按文件类逐票整理;包裹按包裹类逐票整理。

2.交接单据

单独交接:将整理好的单据单独交给相关人员。

二、限时快件的处理

1. 限时快件

限时快件主要是需要在固定时间或在标准转运时间的工作日结束前门到门派送的快件。客户对限时快件有严格的限时送达要求,需要在约定的时间点之前,将快件送达客户的快递服务,如限时送达生日礼物、投标标书等。

2. 限时快件的处理原则

在处理客户的限时快件时,应遵循以下原则:

(1)优先处理。在收到限时快处理需求时,应优先处理。例如,客户因赶时间,需要在某日上午十点前,将一票快件发出,此时快递员应优先处理此客户需求。又如客户选择"即日递"产品,此产品要求快递员在上午12:00之前将快件取回,快递员则优先处理此客户需求。

(2)单独交接。在交接限时快件的过程中,与网点处理人员要对快件单独进行交接,以保证快件的处理速度。

(3)登记备案。在限时快件交接过程中,应采取登记备案,以保证对快件状态进行监控。

三、保价快件的处理

1. 保价快件

保价快件是指客户向快递企业申明快件价值,快递企业与客户之间协商约定由寄件人承担基础资费之外的保价费用。快递企业以快件声明价值为限,承担快件在收派、处理和运输过程中发生的遗失、损坏、短少等赔偿责任。

2. 保价快件的处理原则

在处理保价快件时,应遵循以下原则:

(1)单独存放。在处理保价快件过程中,应与其他快件分开,单独存放。

(2)单独交接。在处理保价快件的过程中,要对快件单独进行交接,以保证快件的处理速度。

（3）登记备案。在处理保价快件的过程中，应采取登记备案，以保证对快件状态进行监控。

（4）分开操作。与其他快件分开操作，以免混淆，增强处理的准确性。

四、禁限寄物品处理要求

（1）企业发现各类武器、弹药等物品，应立即通知公安部门处理，疏散人员，维护现场，同时通报国家安全机关。

（2）企业发现各类放射性物品、生化制品、麻醉药物、传染性物品和烈性毒药，应立即通知防化、公安部门，按应急预案处理，同时通报国家安全机关。

（3）企业发现各类易燃易爆等危险物品，收寄环节发现的，不予收寄；处理环节发现的，应停止转发；派送环节发现的，不予派送。对危险品要隔离存放。对其中易发生危害的危险品，应通知公安部门，同时通报国家安全机关，采取措施进行销毁。需要消除污染的，应报请卫生防疫部门处理。其他危险品，可通知寄件人限期领回。对寄递物品中其他非危险品，应当整理重封，随附证明发寄或通知收件人到派送环节领取。

（4）企业发现各种危害国家安全和社会政治稳定以及淫秽的出版物、宣传品、印刷品，应及时通知公安部门、国家安全机关和新闻出版部门处理。

（5）企业发现妨害公共卫生的物品和容易腐烂的物品，应视情况通知寄件人限期领回，无法通知寄件人领回的可就地销毁。

（6）企业对包装不妥，可能危害人身安全，污染或损毁其他寄递物品和设备的，收寄环节发现后，应通知寄件人限期领回；处理或派送中发现的，应根据具体情况妥善处理。

（7）企业发现禁止进出境的物品，应移交海关处理。

（8）其他情形，可通知相关政府监管部门处理。

第二章 快件派送

第一节 派前准备

派前准备,是指快递员在派送快件出发前,为保证快件派送的时限,确保派送服务水平,所做的一系列准备性工作。

一、国内快件派前准备

(一)国内快件派前准备流程(图 2-1)

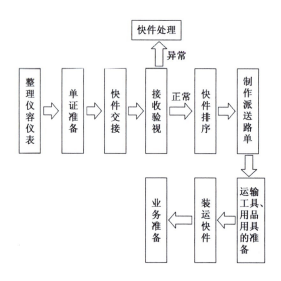

图 2-1　国内快件派前准备流程图

(二)国内快件派前准备流程说明

1. 整理个人仪容仪表

派件出发前,做好个人准备工作,身着企业统一制服、规范佩戴工作牌,整理好个人仪容仪表,清洁、自然、大方得体、神采奕奕、充满活力,时刻保持良好的精神风貌。

2. 单证准备

准备好工牌、派送通知单、收据或发票、开拆快件记录单、身份证、行车证件等。

3. 快件交接

在企业规定的时间内,从派送网点分拣操作区,领取所属派送范围的快件,并将快件扫描登记在手持终端(PDA)。

4. 接收验视

(1)检查快件的外包装、封签及快递运单,如有异常,将异常快件交回处理人员。

(2)按派送区域核对快件是否属于本人派送区域。

(3)确认派送快件数量。

5. 快件排序

通过手持终端(PDA)一件一件地扫描已交接的快件,快件全部扫描后,由PDA派件模块根据派送段的地理位置、快件的时效要求等特性自动合理安排派送顺序,并将快件按照派送顺序进行排序整理。

6. 制作派送路单

通过计算机系统,对排序后的快件完成派送路单(或称派送清单)的制作。

7. 运输工具、用品用具的准备

检查确认运输工具、用品用具、操作设备状况良好;检查个人通信工具、手持终端、刷卡机、电子秤等是否处于正常状态。

8. 装运快件

将快件进行集装、捆扎并安全装载在运输工具上。装车完毕后,检查作业现场有无遗漏快件,做好出班"三净"(格口净、桌面净、地面净)工作(图2-2)。

9. 业务准备

阅读宣传栏,掌握企业最新业务动态及相关操作通知。清楚与自己相关的替(换)班人员工作安排,并做好相应的准备。

图 2-2 作业现场

(三)注意事项

(1)避免派件过程中因物料或工具短缺而无法正常工作。如:派送到付或代收款快件,收款时需要向客户出具收款收据或发票,如果没有携带相关票据,将影响派送工作的正常进行。

(2)检查有无快件处理的相关要求和操作变更通知,作业系统有无版本升级或操作变动。检查手持终端,核对作业班次和时间。避免因不了解情况和手持终端出现故障而影响快件派送。

(3)办好交接手续,明确责任。快递员与处理人员交接快件时,当面核对数量,检查快件外包装、重量等有无异常情况。如发现异常情况,要将快件交由处理人员处理,交接双方在确认快件无误后,签字确认交接信息,明确责任。

(4)派送交接时,注意检查是否有运单脱落、运单"派送存根联"缺失或粘贴不牢固的情况。发现运单脱落、运单"派送存根联"缺失的快件,交回处理人员处理;发现运单粘贴不牢固的快件,用企业专用胶纸粘贴牢固后,按正常快件进行派送。

(5)派送交接时,注意检查是否有运单破损、字迹潦草、模糊、收件人名址不详的快件。此类快件需在确认收件人的详细名址后进行派送。

(6)确保派送时限,降低派送服务成本。派送出发前合理设计派送路线,对快件进行整理排序,一方面可以节省派送时间,实现企业派送时限的服务承诺;另一方面可以减少交通工具的磨损和油耗,降低派送成本,提高企业经济效益。

二、国际快件派前准备

(一)国际快件派前准备流程(图2-3)

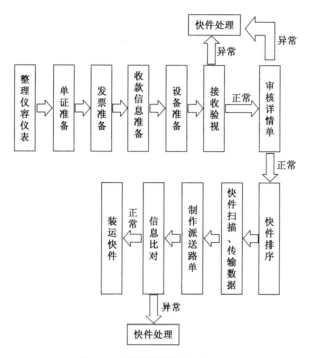

图2-3 国际快件派前准备流程图

(二)国际快件派前准备流程说明

1. 整理仪容仪表

派件出发前,按企业要求做好个人准备工作,身着企业统一制服、佩戴工作牌,整理好个人仪容仪表,调整自己的心态和情绪,保持良好的精神风貌。

2. 单证准备

国际快件在派送前除需要准备好工牌、派送通知单、零钱、身份证、行车证件外,快递员还需到指定部门领取本人派送段内相关单证。

3. 发票准备

由于进口国际快件货物Ⅰ类和货物Ⅱ类进口清关时,快递企业集中进行清关申报,海关征收关税开具的是总税单(KJ3税单),造成代缴关税快件派送时,无法向收件客户提供单独的税单,需要快递员向客户提供收款发票。因此,派送快件前还需要准备好收款发票。

4. 收款信息准备

从信息系统下载本人派送段内当班派送快件的相关信息,具体包括关税、检验检疫费、仓储费、到付款等代收款信息,记录代收款快件的收件人联系方式及需要收取的款项,以便派件前通知客户提前做好准备。

5. 设备准备

检查手持终端、刷卡机、电子秤等设备是否处于正常状态。手持终端检查的要点包括电量是否充足、显示屏是否正常显示扫描信息、按键是否灵敏、条码识别功能是否正常。刷卡机检查的要点包括电量是否充足、打印纸是否充足等。电子秤检查的要点包括电量是否充足、电子秤能否归零等。

6. 接收验视

快递员在企业规定的时间领取所属派送范围的快件,要逐件核实快件的数量、重量,检查快件外包装,将异常快件交回处理人员。交接检查的主要内容如下:

(1)核实快件总数量,分类核实优先、到付、代缴关税、保价等快件数量。

(2)代缴关税件、到付件单独交接存放,以免派送时漏收款项。

(3)检查快件外包装及封口胶纸是否完好。

(4)检查快递运单是否完整清晰。

(5)对异常及特殊要求的快件进行复重,核对快件实际重量与运单所标重量是否相符。

7. 审核运单(核对批译内容)

国际快件在派送前,大多数快递企业已对收件人信息进行批译。由于英文名址的书写不同于中文名址的书写,批译时出现错译、漏译的情况在所难免。为了保证派件正确准时,快递员派件前必须核对收件人名址,发现错译、漏译的情况及时更正,避免错派快件。

(1)收件人单位名称和地址核对。

英文名址为音译时,如收件人单位名称有相同或相近发音,要将收件人单位与所处地址进行综合考虑确认正确地址,派件前打收件人电话进行确认。如:"红星公司"与"洪兴公司",英文均为"Hongxing corporation",批译时有可能都译为"红星公司",需要根据两家公司所处的不同地址进行确认。

(2)收件人地址核对。

有些城市道路名称与所属县、区同名,如赣州的"兴国路"及所属的"兴国县",核对批译名址时注意区分;有些城市道路名称相近,如北京的"大石虎胡同""小石虎胡同""石虎巷",核对批译名址时注意区分辨别,注意是否错译。

(3)收件人姓名核对。

收件人姓名翻译时一般为音译,因同名或发音相似可能引起错误派送,可通过收件人电话确认正确的收件人。如:同一单位内"苏国华 Suguohua"与"苏桂花 Suguihua"很相似,为了保证正确派件,必须进行确认。

8. 快件排序

快件排序是指将快件按照派送顺序进行排序整理。快递员在对快件排序时应遵循以下原则:

(1)优先派送优先快件,优先快件优先排序。
(2)根据最佳派送路线排序,以节约时间,提高工作效率。
(3)先集中后分散,先近后远,先易后难,先重后轻。

"优先派送优先快件"的原则是快件排序的根本原则,在既有优先快件也有重件、大件等特殊快件的情况下,必须优先派送优先快件。

9. 扫描快件、传输数据

具体操作步骤如下:

(1)按要求正确输入派送段代码、员工代码及姓名、派送日期和时间等内容。
(2)按顺序进行快件派送扫描。
(3)核对手持终端显示的扫描数据与实际快件数量是否相符。
(4)将快件派送扫描信息上传至企业信息系统。

10. 制作派送路单

通过计算机系统,按派送顺序将快件的相关信息制作成派送路单,作为快递员与处理人员进行派送交接时核对快件数量、信息比对的依据;同时作为快件派送签收的证明。

11. 信息比对

下载扫描信息并打印出派送路单后,要逐票核对派送路单与快件实际信息是否相符。重点核对关税、到付资费、商检费、仓储费等金额是否一致,如果发现路单上收件人信息空白或与实际情况不符,必须用手工补写完整或修改正确。核对无误后,快递员与处理人员共同在派送路单上签字,确认交接情况。

12. 装运快件

装运快件是指根据派送顺序将快件装载在运输工具上。快件装运堆码要整齐、规律;注意大小搭配,以便充分利用车厢的装载容积及核定载重量;重件在下,轻件在上,避免重件将轻件挤压损坏;按派送顺序堆码,先派送的快件后码放。

三、国际快件英文名址批译

1. 英文名址的批译方法

英文地址的书写顺序是:门牌号码、街道名称、寄达城市、我国国名,与汉语的书写顺序正相反。因此,为便于处理人员进行分拣,批译的地址应按照汉语书写顺序,即我国国名、寄达城市、街道名称、门牌号码译成中文。

如:Room 42, Zhongzhou Road, Nanyang City, Henan Prov. China 翻译成中文即为,中国河南省南阳市中州路42号。

2. 人名的批译方法

收件人姓名批译时,一般为音译,如"Suguohua"翻译成中文名即为"苏国华";有时中文人名的批译方法是先名后姓,如"Honghua Li"翻译成中文即为"李红华"。

3. 街道名称的批译方法

常见街道名称的英语书写方式有三种:英文书写、汉语拼音书写、英文和汉语拼音混合书写。

英文书写方式:6 East Changan Avenue Peking,译为:北京市东长安街6号。

拼音书写方式:105 Niujie Beijing,译为:北京市牛街105号。

英文、汉语拼音混合书写方式:No. 70 Dongfeng Rd. Guangzhou,译为:广州东风路70号。

四、国际快件关税收取方式

为了方便客户和保证派送时限,对国际快件报关时需要交纳的关税、检疫费等费用,一般都由快递企业或快递员为客户垫付缴纳。因此,快递员需要向客户收取垫付的关税、检疫费等税费,该过程被称为归垫。关税的收取方式包括:

1. 关税记账

快递企业与客户签有关税定期结算协议,进口国际快件产生关税时,先予以派送,垫付的关税定期与客户结算的方式。

2. 关税现结

快递企业与客户没有签订关税记账协议,快件派送时,客户在派送现场将快递企业垫付的关税支付给快递员的一种代缴关税的结算方式。

3. 关税记账转第三方

收件人本人不支付关税,经收件人与第三方(付款方)共同确认后,由第三方支付快件关税的结算方式。

五、特殊快件的交接

1. 限时快件的交接

限时快递是快递企业承诺在约定的时间点之前,将快件送达客户的快递服务,如限时送达生日礼物、结婚贺礼等。因限时快件客户有严格的限时送达要求,需要优先派送。派送交接时,对限时快件进行单独交接,并单独存放,以保证快递员及时掌握限时派送快件的信息,做好限时派送的计划与准备,保证限时派送,实现对客户的限时服务承诺。同时,对限时快件的运单信息、收件人名址进行核准,发现错分快件应及时退回处理人员进行重新分拣,以便及时安排派送。

2. 保价快件的交接

保价快件通常具有高价值、易碎、对客户重要性高的特点,在交接时需特别注意。快递企业对保价快件有单独的收派及处理流程,快件流转的每个环节都需交接双方签字确认。因此,保价快件派送时,一定要单独交接并逐件点验数量,查验快件外包装、保价封签及重量是否异常。查验内容主要包括:

(1)检查快件外包装及保价封签。

检验保价快件的外包装及"保价"封签是否完好,有无撕毁或重新粘贴的痕迹;检验快件外包装有无破损、开缝、挖洞、撬开、污染、水渍和沾湿等不良状况。外包装破损快件也有可能已导致内件部分或全部丢失、毁损;开缝、挖洞、撬开、保价封签撕毁或重新粘贴有可能是被盗的迹象;外包装污染可能已导致快件内件部分或全部价值损失。发现快件外包装及保价封签异常情况,应向处理人员及时反馈。

(2)快件复重。

保价快件交接时,处理人员与快递员会同进行称重,重量异常的保价快件上报主管人员,必要时经主管人员同意,在监控下面,两人以上会同开拆外包装进行检查。

(3)易碎保价快件检查。

易碎保价快件交接时通过摇晃、触摸等方式查验快件的完好性,发现异常快件(如轻微摇晃听到异常声响),向处理人员反馈,将快件交与处理人员跟进处理。

3. 到付快件、代收货款快件的交接

(1)到付款和代收款内容。

到付款是指收件人所支付的快递费用,包括到付现金、到付记账、到付转第三方付款三种形式。代收款是指快递公司与寄件人签订协议,寄件人通过快递公司发件时由快递公司代寄件人收取的款项,通常包括货款、税款、海关签贴费和商检费等。

(2)到付款和代收款的业务范围。

①确认派送快件为到付或代收款快件。

②在客户签收之前,仔细核对快件货款大小写是否相符。如发现问题,应及时通知客服人员与寄件方联系确认,同时礼貌地给客人做出相关解释;如确认无误,应致歉;如无法及时确认,应征得客户同意,表示在客户确认后第一时间派送。若遇特殊情况,可请收件客户直接联系寄件方协助处理。

③收款时当面清点金额、辨别真假。若为微信、支付宝转账,则应仔细查看,待款项到账才可离开。

④将货款及时上交公司财务。

(3)到付款和代收款快件的交接。

到付快件、代收货款快件因涉及向收件人收取相应的款项,存在一定的风险。一般情况下,快递企业规定此类快件交接时进行逐票分类检查,在派送路单(或称派送清单)中注明应收取的款项和金额,或制作专用的应收账款清单。为了避免错收款项,派送交接时,快递员要注意核对派送路单所注明的应收款金额与快递运单或其他收款单据所写的金额是否相符。如有金额不符的快件,交由处理人员核实。

4. 快递运单脱落、破损快件的交接

处理人员分拣快件时,发现快递运单脱落、水湿、污染、破损,造成地址、联系电话不详的快件应单独存放,与快递员单独交接。如快递运单可在处理现场找回并能确认或有轻微破损,且不影响查看收件人信息,按正常流程派送。如果快递运单破损比较严重或在现场寻找不到脱落的快递运单,导致无法识别快件单号及收件人信息的,处理人员将此快件转交总台人员,根据快件号码在信息系统中查找相关收寄部门,通过系统或电话联系相关收寄部门,征询寄、收件人信息,补填"特快专递邮件派送替单"(图2-4)并赶发相应频次进行派送。

特快专递邮件派送替单			
投递日期: 月 日 频	邮件号码:	收件人姓名:	电话:
收件人地址:		收件单位:	
收寄局:	寄件人名址:		电话:
邮件性质: □文件类 □物品类 邮件类型: □国内EMS □国际EMS 保价金额(大写)	内件品名:____ 数量:____ 重量:____千克	收件人签章:____ 代收关系:____ 妥投时间: 年 月 日 时	备注:
代收货款/收件人付费 应收金额(大写)		投递员签章:	

图2-4 特快专递邮件派送替单

5.收件人名址不详快件的交接

处理人员分拣快件时,发现名址不详的快件应单独存放,与快递员单独交接。进行接收验收时,发现名址不详的快件,如果有收件人电话,与收件人联系确认详细名址并在快递运单空白处进行批注后按正常流程进行派送。有收件人电话,但电话无人接听时,可先携带快件出发派件,途中连续拨打收件人电话,如能与收件人取得联系并确定详细名址,在快递运单空白处进行批注按正常流程派送;无法取得联系时,作为问题件带回派送网点,交与指定处理人员,办理交接手续。无电话号码或因电话号码错误、停机等原因无法与收件人取得联系时,将快件直接交回处理人员跟进处理。

6.单个快件多个快递运单的交接

处理人员分拣快件时,发现单个快件出现粘贴多个快递运单情况,将此快件转交总台人员。可通过以下几种方式进行判定确认:通过信息系统确认;通过电话联系寄件人确认;通过快件重量与快递运单填写重量进行对比确认。确认后划销多余快递运单,赶发相应频次进行派送。

六、派前防护措施

(一)特殊天气快件防护措施

快递员需每天查看天气预报,并实时跟进天气情况,在雨雪雾天气,需提前备好雨布、雨衣、塑料薄膜等防水防冻物品。

1. 大风天气注意事项

要注意防备路旁建筑物上刮落的花盆、玻璃等物品伤人;防备路旁树木倒伏、树枝折断伤人;防备广告牌、广告架被大风刮倒伤人。

2. 大雨天气注意事项

要防备过路或通行车辆在视线和路况不好、制动性能不稳定的情况下对自身造成伤害,尽量与机动车辆保持较远距离。

注意绕开路上的下水井,以防落入无盖井中;要高度集中思想,小心谨慎驾驶机动车辆、电动车或助力自行车;在不明前方路况的情况下,应暂停行进或绕道通过;雷雨天气还要注意预防雷击。

3. 冰雪冷冻天气注意事项

大雪冰冻天气时驾驶机动车要防备路面打滑或被过往车辆撞击;助力自行车缓慢行驶,转弯时采取下车推行或两脚着地等安全防范措施。

4. 大雾天气注意事项

大雾天气应集中精力,注意观察瞭望,减速慢行;使用汽车派送快件的途中,还需要按规定打开雾灯;使用自行车派送快件时,需要减速慢行。

5. 进入危险场所的注意事项

进入可能危及人身安全的场所,比如到施工现场派送快件时,必须按规定佩戴安全帽等安全装备;进入现场后,选择安全路面减速慢行,防止障碍物绊倒或空中失落物伤害等。

(二)贵重物品派送防护措施

贵重物品派送需单独交接,每一环节交接人都要签字,且与其他快件分开放置。

1. 利用非机动车派送

(1)快递员在进行贵重快件收派过程中,快件不得交由他人捎转带,不乱扔乱放,不让他人翻阅。

(2)进入单位或居民区内,车辆及快件应尽量放在视线可及或有人看管的相对安全的地方,做到贵重快件不离身。

(3)派送贵重快件时,不出入与工作无关的场所。

(4)派送时,将贵重快件捆扎牢固。

2.利用机动车派送

(1)派送车后厢玻璃窗应有防护措施,摩托车装快件的容器应加装锁具。

(2)机动车递送快件时,要将车辆放在适当的位置(视线可及的范围)。

第二节 派送服务

一、派送服务流程

(一)派送服务的流程

1.派送服务流程图(图 2-5)

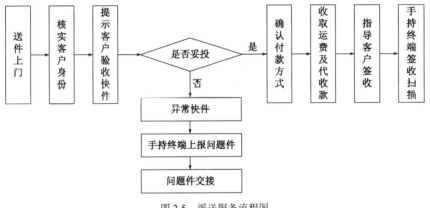

图 2-5 派送服务流程图

2.派送服务流程说明

(1)送件上门。

将快件按照派送顺序妥善捆扎、装载在运输工具上,安全送到收件客户所处的地点,确认收件人地址,妥善放置交通工具及其他快件。

(2)核实客户身份。

为了保证派送正确,派件前要认真查看客户的有效身份证件[居民身份证、户口簿;军人身份证件、武装警察身份证件;港澳台居民往来内地(大陆)通行证;护照;驾驶证],以核实客户身份;也可采取互约地点、拨打手机的辅助验证方式,并请收件人在快递运单指定位置签名(章)、签点;电话预约后收件人要求代收的,客户委托签收人应出示有效身份证件并在快递运单上签名(章)、签点。

(3)提示客户验收快件。

快递员将快件交给收件人时,应当告知收件人当面验收快件。快件外包装完好,由收件人签字确认。如果外包装出现明显破损等异常情况的,快递员应当告知收件人先验收内件再签收;快递企业与寄件人另有约定的除外。

对于网络购物、代收货款以及与客户有特殊约定的其他快件,快递企业应当按照国家有关规定,与寄件人(商家)签订合同,明确快递企业与寄件人(商家)在快件派送时验收环节的权利义务关系,并提供符合合同要求的验收服务;寄件人(商家)应当将验收的具体程序等要求以适当的方式告知收件人,快递企业在派送时也可予以提示;验收无异议后,由收件人签字确认。国家主管部门对快件验收另有规定的,从其规定。

(4)确认付款方式。

确认到付款或代收款快件客户的具体付款方式。

(5)收取运费及代收款。

向客户收取到付款或代收款等应收的款项,并向客户开具收款收据或发票。

对于国际快件,应向客户收取快件进口清关时代客户垫付的关税、检验检疫费、仓储费、签贴费等税费及到付资费等款项,将税单交付客户或向客户开具收款发票,国际快件应收款清单见图2-6。

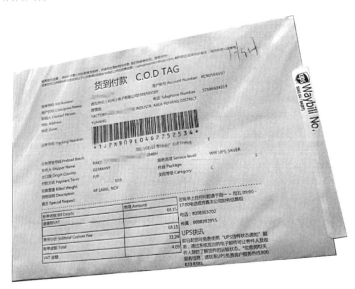

图2-6　国际快件应收款清单

(6)指导客户签收。

①手工签收。

客户在快递运单上签名,确认快件已经被接收;快递员在快递运单上相应位置填写姓名(工号)和派件日期及时间,确认快件已经派送给收件客户。

②电子签收。

打开手持终端,进入快件签收界面;指导客户在手持终端上签署姓名。

(7)信息上传。

①手持终端签收扫描。

客户签收后,使用手持终端将妥投信息进行录入处理并上传到企业信息系统(图2-7),本人签收或他人代收必须录入本人或代收人全名,单位收发章签收的,要依据收发章内容录入。采用电子签收方式,则请客户在手持终端上签字,然后上传到企业信息系统。代缴关税快件在收取关税并开具发票后,需将发票号码输入信息系统,以便日后查询。

②手持终端上报问题件。

对于未妥投快件,快递员应按照快件实际情况在第一时间使用手持终端按照选项逐步进行操作,将派送信息(包括派送结果、签收人姓名、代收关系、派送时间、未妥投原因等)实时录入手持终端系统,并保证所录入内容准确无误。

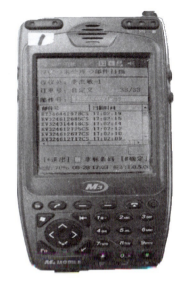

图2-7 手持终端未处理快件扫描

(二)派送服务的基本原则

1. 安全派送原则

派送途中,快递员要安全保管快件,严格遵守交通法律法规,注意交通安全,确保将快件安全送交收件客户,同时还要注意保管好收取的到付款或代收货款。

2. 保证派送时限原则

保证派送时限原则是指根据快递企业对快递业务做出的派送时限承诺,在规定的时间范围内将快件送达客户。时限原则要求科学合理地划分快递员的派送区域;按照派送时限的要求,严格控制派送时间;快递员对派送区域地理环境、道路、交通状况要熟悉,合理设计派送路线等。

3. 信息保密原则

注意保护客户信息,不能泄露客户的商业机密。快递员不得向他人泄露所派送快件的情况,如快递运单所书写收、寄件人的地址、姓名、物品名称、保价金额等。派送快件过程中严禁将快件交给他人翻看,严禁将快件带到与派送快件无关的其他场所。在派送任务结束后快递员不得直接回家或到宿舍休息,应将当班已成功派送快件的快递运单(派送存根联)及无法派送的快件,安全、及时地带回到派送网点办理移交手续。

二、派送服务注意事项

(一)快件装卸搬运注意事项

1. 防止和消除无效作业

无效作业是指在装卸搬运作业活动中超出必要的装卸、搬运量的作业。为了有效地防止和消除无效作业,可从以下几个方面入手:

(1)尽量减少装卸搬运次数;

(2)缩短搬运作业的距离。

2. 实现装卸搬运作业的省力化

在装卸作业中应尽可能地消除重力的不利影响。在有条件的情况下,利用重力进行装卸,可减轻劳动强度和能量的消耗。比如将设有动力的小型传送带(板)斜放在运输车辆或站台上进行装卸,使快件在倾斜的传送带(板)上移动,借助重力的水平分力完成快件的装卸。

3. 合理地规划装卸搬运作业过程

作业现场能满足装卸搬运机械工作的要求,道路布置要考虑为装卸搬运创造良好的条件,使装卸搬运距离达到最小。

4. 装卸搬运作业连续

装卸搬运作业的连续性应做到:作业现场装卸搬运机械合理衔接;不同的装卸搬运作业在相互联结使用时,力求使它们的装卸搬运速率相等或接近;充分发挥装卸搬运调度人员的作用,一旦发生装卸搬运作业障碍或停滞状态,立即采取有力的措施补救。

(二)交通安全注意事项

无论是使用助力自行车、电动三轮车进行快件派送,还是使用汽车派送快件,都要严格做好行车前准备,行车途中遵守交通规则,做好预见性和应急驾驶,做到既保证自身和快件的安全,又不对他人造成伤害。

(三)快件安全保管注意事项

防止快件被水湿、污染、火烧等造成损毁;防止快件在派送过程中被盗;防止因快件外包(袋)破损而遗失快件;防止派送夹带造成快件丢失。

(四)快件签收注意事项

1. 个人快件签收注意事项

个人签收快件时,要注意客户所签姓名与快递运单书写的收件人姓名是否一致,提醒客户字迹要工整,如收件客户签字不清晰,快递员须礼貌地向客户询问全名,并使用正楷字样在签字或盖章旁边注上收件客户的全名。

2. 单位快件签收注意事项

单位签收快件时,应加盖单位公章或收发专用章。公章或收发专用章加盖要清晰和端正,纸质运单每一联都必须在收件人签署栏盖章,每联快递运单盖章保持一致;并要求经办人签字确认。

3. 他人代收快件注意事项

对非收件人本人签收的快件,签收后应在快递运单签收栏内批注代收关系、有效身份证件名称、证件号码等。

4. 禁止快递员代签

任何时候快递员都不能代替客户签字或盖章。客户在快递运单等有效单据的签收栏签字或盖章,证明收件人已接收快件,如果快递员代替客户签字,则不能明确责任。

(五)资金安全保管注意事项

快递企业提供代收货款服务的,应以自营方式提供代收货款服务,具备完善的风险控制措施和资金结算系统,并与委托方签订协议,明确与委托方和收件人之间的权利和义务。

(1)派件出发前,检查装有现金夹的衣袋或包(夹)有无破损、漏洞;宜携带验钞机或销售终端(POS机),快递企业应提供足够的防护措施,加强对快递员人身安全的保护。

(2)快递员在派送快件时,收取的现金及支票,要存放于专门的兜(包)或制服内随身携带,不要放在车辆上。

(3)装有现金夹的衣袋或包要严密扣紧,现金及支票不可外露。

(4)装有业务现金的衣袋或包内不要放置个人物品或单据。

(5)掌握一定的鉴别人民币真伪的常识。

(6)快递员向客户收款,收取支票时要核对支票所书写的金额及日期,现金当面点清。

(7)携带现金、支票派送快件时,不要出入与派送工作无关的场所,不要接触不明身份的陌生人,不要在人员复杂场所停留或观望。

(8)代收货款的结算周期不应超过快件妥投后1个月,有条件的快递企业可适当缩短结算周期,与用户另有约定的从其约定。

(9)快递企业应建立代收货款信息档案,如实记录寄件人、收件人信息和货款金额等内容,档案保存期限不应少于1年。

(10)及时移交营业款。

三、接驳派送

(一)定义

接驳是指快递营业网点使用固定车辆在各派送区域设置接驳点,与该区域快递员进行衔接,从而取代快递员一程运送的操作模式。

(二)具体操作方法

因地理位置、班次密度等因素,把网点的区域分为若干个派送区域,在每个区域设固定的停靠点(接驳点),并由网点发出接驳车辆定时在停靠点与网点之间穿行,快递员在约定的时间在停靠点集中交接。

这种运作形式类似于公共汽车的定点始发,中途停站并返回终点站的运作模式。

(三)接驳派送形式

1. 分散接驳

各区域快递员各自直接与网点接驳车辆在各接驳点交接。

2. 集中接驳

快递员不直接与接驳车辆在各接驳点交接,而是再使用一辆车往来接驳点与区域(线路)之间集中进行交接。

(四)接驳派送实施要求

(1)网点接驳车辆的发车时间须衔接各派送区域的派送时效。

(2)网点接驳车辆的回程时间须衔接参加中转的发车时间。

(3)区域、线路及接驳点、接驳时间须合理规划。

(4)在提高服务质量的同时充分考虑运输成本。

(五)接驳派送的意义

(1)减少快递员往返网点次数,延长有效派件时间。

(2)细化区域操作,提高快件的派送时效性。

(3)降低快递员的劳动强度,提高快件安全性。

(4)缓解快递员参加中转班次的压力,提高服务质量,降低派件出错率。

四、派送段路线设计

(一)派送路线设计的原则

快递企业经营的最终目的是获得最大利润,利润是企业经济效益的具体表现。实现利润最大化需要做到经营收入最大化和经营成本最小化。具体到每票快件的快递服务,收寄时已与客户约定快件的服务资费,即每票快件的经营收入已固定,这就要求在保证快件安全及派送时限的前提下,降低派送成本,提高企业经济效益。

设计派送路线时应遵循以下原则:

1. 保证快件安全

快递服务的宗旨是将快件完好无损、及时安全送达收件人。保证快件安全原则要求:选择的派送路线路况要好(路面质量好、车道宽敞、车流量较少、坡度和弯度密度小);不能很偏僻等。

2. 保证派送时限

快件派送时限是指从完成快件交接,至客户处成功派送快件的最大时间限度。时限是客户最重视的因素,也是衡量快递服务质量的一项重要指标。

影响派送时限的因素有很多,除派送车辆故障外,所选择的派送路线不当也会造成时间上的延误,因此,必须在认真分析各种因素的前提下,用系统化的思想和原则,有效协调,综合管理,选择最佳派送路线,保证快件的派送时限。影响派送时限的主要因素包括:

(1)当班次派送快件量过大。

(2)在同一班次内,因客户不在而进行的二次派送。

(3)天气、交通堵塞、交通管制等不可控因素。

(4)派送车辆故障。

(5)选择的派送路线不当。

3. 优先派送优先快件

优先派送的快件主要包括以下三种类型：

(1)时限要求高的快件。如：限时快件，客户有严格的限时送达要求，需要优先派送。限时快递是快递企业承诺在约定的时间点之前，将快件送达客户的快递服务，如限时送达生日礼物、结婚贺礼等。

(2)客户明确要求在规定时间内派送的快件。如等通知派送的快件，需要在客户要求的时间完成派送。等通知派送的快件是根据寄件客户的要求，快件到达目的地后暂不派送，待寄件客户通知后才安排派送的快件。等通知派送的快件，当客户通知派送时，一般情况下，派送时限要求较高，必须在客户要求的时间完成派送。

(3)二次派送的快件。首次派送不成功的快件，因快递员在给客户留写派送通知单或与客户电话联系时，约定了第二次派送的具体时间，因此成为时限要求较高的快件，为了保证时限要求，必须优先派送。客户要求再次派送的快件，应安排优先派送。

为了避免因不可控制因素影响快件的派送时限，有需要优先派送的快件时，应优先派送。

4. 优先派送保价快件

保价快件一般具有价值高、对客户来说重要性比较强等特点。保价快件一旦丢失，会给快递企业和客户带来非常严重的损失。快递员携带保价快件路上行走时间越长，快件丢失或损毁的概率越大。为了降低风险，在不影响其他快件派送时限的情况下，优先派送保价快件。

5. 先重后轻，先大后小

由于重件或体积大的快件的装卸搬运劳动强度大，优先派送，既可减轻全程派件的作业难度，也可减少车辆磨损和能耗。

6. 减少空白里程

空白里程是指完成当班次所有快件的派送所行走的路线的实际距离减去能够完成所有快件派送的有效距离。空白里程的产生不仅增加了运输服务成本和快递员的劳动时间和劳动强度，还影响快件的派送时限。为了减少空白里程，需要做好以下几方面的工作：

(1)快递员应熟悉掌握派送段内每条路段、街道所包含的门牌号。如果派送段内包括商城、学校、超市等场所,就需要充分了解其布局,确保能以最短距离到达客户处。

(2)快件排序时,注意将同一客户的多票快件排在一起,一次派送。

(3)对于同一派送段,应掌握多条派送线路,选择最短路径进行派送。

(4)及时掌握派送段内的交通和路况信息,避免因交通管制或道路维修而绕路,增加空白里程。

(二)设计派送路线时考虑的影响因素

在快件的派送路线设计过程中,影响派送效果的因素很多,主要包括以下三个方面:

1. 时限因素

时限要求较高的快件优先设计、优先派送。

2. 动态因素

如天气、车流量变化、道路施工、客户更址、车辆变动等。

3. 静态因素

如客户的分布区域、道路交通网络、建筑楼群布局等。

各种因素互相影响,很容易造成派送不及时、派送路径选择不当,延误客户收件时间等问题。因此,设计派送路线时要综合考虑影响派送运输的动、静态各种因素,以满足快件时效要求,实现服务承诺。同时满足安全派送、降低成本、提高效益的派送要求。

(三)派送路线的结构

派送路线的主要结构形式有三种:辐射形、环形和混合形。

1. 辐射形线路

辐射形线路是指从派送网点出发,走直线或曲折线的线路(图2-8)。

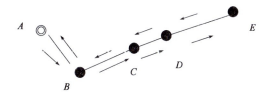

图2-8 辐射形派送线路结构图

优点:运行简单,适于客户分散,派送路程远的情况。

缺点:返程多为空车行驶,里程利用率低。

2. 环形线路

环形路线是指快递员从派送网点出发单向行驶,绕行一周,途中经过各派件客户所处的地点,回到出发的派送网点(图2-9)。

优点:不走重复路线。

缺点:快件送到最后几个派送点的时间较长。

环形路线适合于商业集中区、专业批发市场等客户较为集中的派送段或派送路线。

3. 混合形路线

混合形路线是指包含辐射形和环形两种结构形式的线路(图2-10),适合于商住混杂区,混合形线路设计时要综合考虑里程利用率和派送时效。

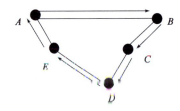

图2-9 环形派送线路结构图

图2-10 混合形派送线路结构图

注:A代表环形线路;B代表辐射性线路

(四)派送路线设计的方法

设计派送路线的方法主要有传统经验组织法、运筹选择法。

1. 传统经验组织法

派件量少、客户比较集中、交通网络简单的情况下,可采用传统经验组织法设计派送路线,即快递员依靠对派送段道路、客户地址地理分布、交通的熟悉情况及经验来设计派送路线。

针对派送段的特点,选择以下不同的方法:

(1)单侧行走。

单侧行走是指派送快件时靠路的一侧行走。适宜于街道较宽、房屋集中,派件数量多而行人、车辆稠密的街道。

(2)"之"字形行走。

"之"字形线路是指派送快件时沿路的两侧穿梭行走。适宜于街道较窄,派件数量少,行人、车辆也稀少的街道。

(3)单侧行走与"之"字形行走相结合。

这种走法适宜于街道特点有明显不同的派送段。

2. 运筹选择法

运筹选择法是运用运筹学的相关原理,在规划设计派送路线时,选择合理派送路线,以加快快件派送速度,并合理节约人力。常用的方法有最短路径设计法和节约里程法,可适用于需要派送的快件数量较多、客户分布区域广、交通道路网络复杂的情况。

(1)最短路径法。

最短路径法选择最短派送路线,采用奇偶点图上作业法。所谓奇偶点,是指线路上遇有交点时,如与其相连的线路条数是奇数,则为奇点。如图2-11a)中B、C、F、G、H、I,分别有3条线与其相连,即为奇点;如与其相连的线路条数是偶数,则为偶点。如图2-11a)中A、D、E、J、K、L、M分别各有偶数条线与其相连,即为偶点。

判断一条派送路线能否不走重复路,要看沿线的奇点个数,如奇点总数的末位为0或2,则无重复路;否则,就一定有重复路线。要使重复路线减少到最低限度,必须符合以下两条原则:

①不在两个奇点之间出现多次重复;

②在任何环形线路内,重复线路的长度,不要超过环形路长的一半。

如图2-11a)中有B、C、F、G、H、I奇点总数为6,所以肯定有重复路。在每2个奇点之间添加虚线代表重复路,如图2-11b)~e)所示。其中只有图2-11e)所添虚线完全符合原则,是最短的重复线路。

选择最短派送路线的奇偶点图上作业的步骤:

①画出派送路段街道图,并标注所有奇点;

②在每两个奇点之间添加虚线表示重复路线;

③检查所加虚线是否符合寻找最短重复路线的两个原则。

按不断原理,从派送网点出发,如能将贯穿全派送段每条街道的派送路线(包括重复路线)不间断的一笔画下去,最后画回到派送网点,这就是最短派送路线,也称为一笔画问题。

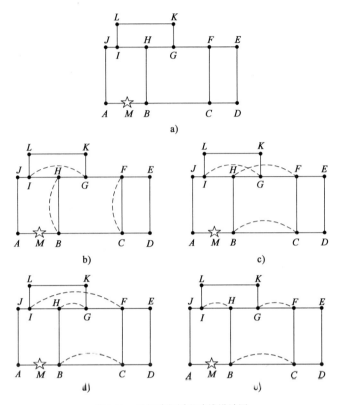

图 2-11 最短路径派送路线设计图

注：——代表派送线；●代表派送路线的交点；☆代表派送网点

【案例 2-1】

一个派送段，如图 2-12a)所示，应如何选择最短派送路线？

解题步骤：

(1) 先把大街小巷画成线，并标出奇点，再每两个奇点之间添上重复路线（虚线），如图 2-12b)、c)所示。

(2) 按最短添线原则进行检查，最后按不断原理将派送路线一笔画出来，如图 2-12d)所示。

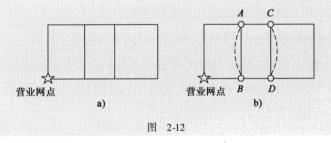

图 2-12

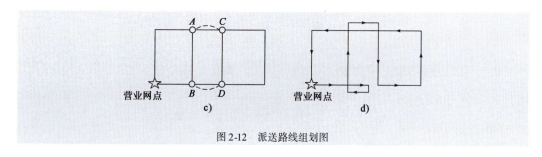

图2-12 派送路线组划图

(2)节约里程法。

如图2-13a)所示,假设 P 点为派送网点, A 点和 B 点为客户地址,各点相互的道路距离分别用 a、b、c 表示。如果分别对两个客户进行派送,如图2-13b)所示,实际运行距离为 $2a+2b$。如果巡回派送,如图2-13c)所示,则运行距离为 $a+c+b$。采取图2-13c)方式,当道路状况没有特殊规定时,可节约运行距离为 $(2a+2b)-(a+b+c)=a+b-c$。

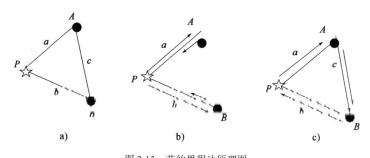

图2-13 节约里程法原理图

注:☆代表派送网点;●代表不同的派送地点

根据三角形两边之和大于第三边的定理, $a+b-c>0$,则这个节约量称之为"节约里程"。节约里程法对派送路线设计的指导意义在于:设计派送路线时,尽量避免迂回运输。迂回运输是舍近求远的一种不合理的运输形式。迂回运输有一定复杂性,不能简单处之,只有当计划不周、地理不熟、组织不当时发生的迂回,才属于不合理运输。如:因快件时限要求高进行紧急派送引起的迂回运输不属于不合理运输。

【案例2-2】

根据节约里程法的原理要求,由派送网点出发对多个客户进行派送时,设计派送路线除考虑快件的时限、特性外,还应考虑节约派送路线行程。某派送段所属区域的道路交通网络图如图2-14所示,图中 P 点为派送网点, A—K 为派送客户所在地点,共12位客户,线路上的数字为道路距离,单位为公里。

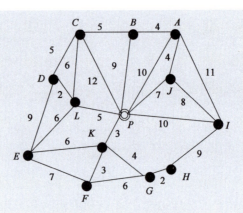

图 2-14 某派送段道路交通网络图

解题步骤：

(1)从派送网点 P 出发，应优先派送优先快件，假设 J 点快件是时限紧急的快件，优先派送，即先确定 $P—J$，如果其他快件均为一般快件，则仅考虑节约行程即可，依次为 A、B、C；

(2)由于 $C—L—D—E$(行程17公里) $>C—D—L—E$(行程13公里)，所以选择 $C—D—L—E$；

(3)由于 $E—K—F—G$(行程15公里) $>E—F—K—G$(行程14公里)，所以选择 $E—F—K—G$；

(4)从 G 点开始，依次为 H、I；

(5)从 I 点返回派送网点 P。

派送路线为 $P—J—A—B—C—D—L—E—F—K—G—H—I—P$。

五、特殊快件的派送

1. 名址不详快件的派送

名址不详快件，是指收件人姓名不全，单位名址用的简称，无门牌号码等收件人信息不够详细的快件。名址不详快件的派送方法如下：

(1)如果能与收件人取得联系，应询问收件人详细名址，并将详细名址在快递运单上进行批注。收件人提供的地址属于本人派送服务范围，按正常流程派送。收件人提供的地址不在本人派送服务范围内，将快件带回派送网点交与处理人员，办理交接手续。

(2)如因收件人电话无法接通、电话号码不全、号码为传真号码或空号等导致快递员联系不上收件人,须将快件做滞留操作,报网点处理中心处理,并办理交接手续。处理人员通过信息系统查询收件人详细信息并在快递运单上进行批注,快递员根据批注的收件人名址进行正常派送。

2. 信息不完整快件的派送

信息不完整快件,是指收件人是个人姓名,但地址只写单位名称未写明分支部门,也没有写明具体楼号、房间号的快件;或者收件人地址详细,但没有写明具体收件人的快件。

(1)收件人是个人姓名,但地址只写单位名称未写明分支部门,也没有写明具体楼号、房间号的快件,如有收件人电话,联系收件人由收件人本人签收或指定他人签收;如果无收件人电话或收件人电话号码不全、号码错误、无法接通等,无法与收件人取得联系时,将快件派送到单位收发室或总服务台,由单位收发室或总服务台协助查找并通知收件人签收快件。

(2)收件人地址详细,但没有写明具体收件人的快件,如有收件人联系电话,须电话联系确认收件人姓名,将快件派送给收件人或收件人委托人;如没有收件人联系电话或收件人电话无法接通,将快件派送到具体地址,核实确认该地址(办公室、家庭)具体的收件人,在快递运单上备注签收人员的身份证号码。

3. 金额不符快件的派送

到付快件大小写金额如果不符,快递员需将快件交由派送网点处理人员进行核实,处理人员在当班次派件出发前上报客服部门,通知寄件网点问题件,进行收款金额的确认。

如出发派件前能核实确认,须将核实后的付款金额在快递运单上明确标注,并加盖更改确认章,同时按核实后的金额派送收款。如无法在出发派送前核实确认,将快件滞留在派送网点,交由处理人员跟进处理。

4. 付款方式不明的快件派送

快递员需将快件交给操作人员核实上报,操作人员必须在当班次派件出仓前上报客服部。如出仓派送前能核实确认,须将核实后的付款方式明确标注,并按核实后的付款方式及时派出;如无法在出仓派送前核实确认,该票快件的付款方式可默认为寄付(必须经客服人员认定),按正常派送流程进行派送,可能造成的运费损失由收取该票快件的寄件方快递员承担。

5. 大件或多件货物的派送

快递员上门派件前须电话通知收件客户,让客户做好收件准备,并约定派送时间。必须与客户当面点清货物数量,确保件数无误。如到付现结快件,须提醒客户准备运费。

6. 催派件的派送

当客户致电客服部催派快件时,若快件未出仓或未到达分(点)部,客服部通知相应的快递员必须安排优先派送,并必须告知客户大致的快件送达时间;若快件已出仓,正在派送途中,客服部通知相应快递员安排优先派送。快递员在派送途中接到客服部通知后,对所催快件进行优先派送,并告知客服部预计派送时间。

7. 代收货款件的派送

对于代收货款以及与客户有特殊约定的其他快件,快递企业与寄件人(商家)签订合同,明确了快递企业与寄件人(商家)在快件派送时验收环节的权利义务关系时,快递员在派送时,按要求提示收件人验收,验收无异议后,由收件人签字确认。

8. 到付国际快件的派送

(1)到付现结快件的派送。

快递员与处理人员交接快件时,到付快件需单独交接确认。到付现结客户应提前通知客户需要收取的资费,以便客户提前做好付款准备。由于收取资费时,需要向客户开具收款发票,因此要提前做好准备。派送到付现结快件时,必须"银货两讫",一手交钱,一手交件,以免出现坏账。客户因故拒绝付款时,禁止派送,同时将派送异常情况上传到信息系统,在运单或派送路单上批注客户拒付的原因及拒付的资费金额,请客户签字确认。

(2)到付记账快件的派送。

客户与快递企业签订到付记账协议,快递企业给客户分配一个到付账号,派送到付快件时不需要当场收款,定期由快递企业财务部门开具发票,统一收款。

9. 代缴关税快件的派送

(1)派送交接检查快件时,对有征税标志的快件,需检查是否附有相对应的税单及发票。在核对税款金额时,如果派送路单或"应收款账单"的金额与税单不一致,应以税单为准,见图2-15。因为"应收款账单"或派送路单上的金额是快递企业员工根据税单进行手工录入的,难免会出现录入错误的情况。

(2)关税现结客户,应提前通知客户征收关税事宜,以便客户提前准备税款,同时也节省派件时间。如果征收税款时客户有异议,通知客服部门进行解决。关税现结客户,做到"银货两讫",足额收取关税后,将快件交付客户签收。

(3)关税记账客户,派送时与客户说明情况,客户确认无误后,将快件交付客户签收,并将快递企业分配给客户的账号认真清楚地填写在运单备注栏内。关税记账转第三方付款的快件，快递员需在确定第三方已付款或第三方已做出付款承诺的情况下，才可以将快件交付收件客户。不能先将快件交付客户，再收取关税。

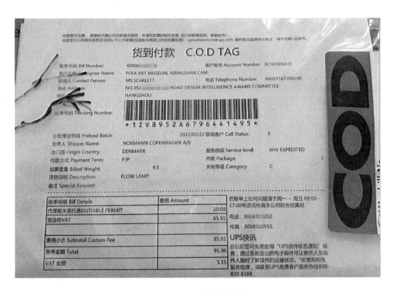

图2-15　代缴关税快件

（4）收取关税时，如果有正本税单，在收费时不需要另外开具发票。如果没有正本税单，向客户开具收款发票。

（5）如果客户因故未支付税款，快递员在运单或派送路单上批注拒绝支付的原因及拒绝支付税款的金额，请客户签名确认，将快件带回，按问题件处理并报客服部门备案。

六、智能快件箱操作

为鼓励快递企业开展末端服务创新，解决快递"最后一公里"环节中存在的车辆通行、停靠难，快递进社区、进校园难等问题，在保障用户合法权益、服务质量和寄递安全的前提下，利用社会资源合力打造的末端派送平台——智能快件箱应运而生。为了维护快递市场秩序，保护用户合法权益，加强寄递安全管理，规范和便利智能快件箱寄递服务，2019年6月20日，中华人民共和国交通运输部根据《中华人民共和国邮政法》《快递暂行条例》等法律、行政法规，制定《智能快件箱寄递服务管理办法》，自2019年10月1日起施行。

智能快件箱是指提供快件收寄、派送服务的智能末端服务设施，不包括自助存取非寄递物品的设施、设备。

（一）智能快递箱派送要求

经营快递业务的企业使用智能派送箱提供派送服务的应当建立专门管理制度,明确操作规程、服务时限、服务质量、安全保障等方面的管理要求,符合快递服务标准,维护用户合法权益。

1. 投放前征得收件人同意

经营快递业务的企业在使用智能派送箱派送快件前,应当征得收件人明示同意。寄件人交寄快件时指定智能快递箱作为派送地址的,可直接将快件派送至指定的智能快递箱。收件人不同意使用智能快件箱派送快件的,智能快件箱使用企业应当按照快递服务合同约定的名址提供派送服务。

2. 易碎品或破损件禁止使用智能快递箱

快件出现外包装明显破损、重量与寄递运单记载明显不符等情况的,智能快件箱使用企业不得使用智能快件箱派送。

寄递运单注明快件内件物品为生鲜产品、贵重物品的,智能快件箱使用企业不得使用智能快件箱派送,与寄件人另有约定的除外。

3. 告知义务

智能快件箱使用企业按照约定将快件放至智能快件箱的,应当及时通知收件人取出快件,告知收件人智能快件箱名称、地址、快件保管期限等信息。收件人自智能快递箱中取出快件则视为签收。

智能快件箱使用企业委托智能快件箱运营企业通知收件人取出快件的,不免除前款规定的智能快件箱使用企业的义务。

4. 每个格口只允许投放一个快件

经营快递业务的企业使用智能快递箱提供派送服务的,应当通过电话或者互联网等方式提供跟踪查询信息,明确标识快件已投入智能快递箱、快件已被收件人取出、快件已被快递员取出等节点信息。因此,快递员在投放快件时,应保证一个格口投放一个快件,以简化快件信息跟踪、安全监控等管理,同时也避免发生快件漏取、错放等人为错误。

5. 异常情况及时联系快递企业或智能快递箱运营商

（1）格口内没有快件。

（2）所取快件非本人快件。

(3)快件外包装破损。

(4)内件与实际物品不符。

(5)其他异常情况。

收件人在按快递企业系统自动发送信息提取快件时,若发生以上快件延误、丢失、损毁等服务质量问题的异常情况,可按照智能快递箱服务要求,联系快递企业或智能快递箱运营商,按照客服指导进行后续处理。

6.逾期件的处理

逾期件主要是指在智能快递箱内,超过约定时间尚未领取的快件,预期时间可根据不同快递企业的要求自行设定。

经营快递业务的企业应当按照收寄时向寄件人承诺的服务时限完成派送。快件派送至智能快递箱,视为一次派送。使用智能快递箱进行快件首次派送,收件人未能及时提取的,经营快递业务的企业应当将快件取出,联系收件人再次提供派送服务。

7.智能快递箱合法备案

智能快递箱运营企业提供快件派送服务的,应当向智能快递箱所在地省级以下邮政管理机构进行备案,并报送设备设置场所、使用情况等运营信息。

(二)智能快递箱派送流程

(1)快递员到达终端网点投件时,必须先确认其身份信息。

(2)确认完毕身份信息之后,开始录入快件信息(快递单号、收件方手机号码等)。

(3)选择该快件将使用的箱格大小。

(4)确定箱格大小之后,系统自动弹开相应空闲的柜子(图2-16)。

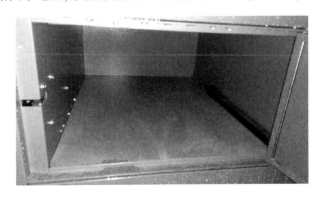

图2-16 系统自动弹开相应空闲的柜子

(5)快递员将快件放入箱格里,关门。

(6)系统自动发送信息提示收件人(图2-17)。(含网点地址,验证密码)

图2-17 系统自动发送信息提示收件人

(7)收件人收到短信之后,在空闲时间到网点取件。

(8)收件人到达短信指定网点后,在终端输入其手机号码后四位和收到的验证码,见图2-18。(收到短信超过24小时未取件的,系统将重发验证码给用户,并提示过期,请输入最新验证码)

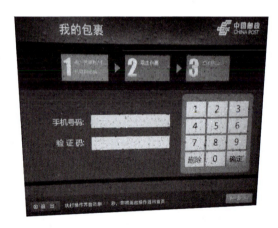

图2-18 取件操作

(9)系统检测无误时,弹开相应箱格的门,见图2-19。

(10)用户取件,验货,关门,见图2-20和图2-21。

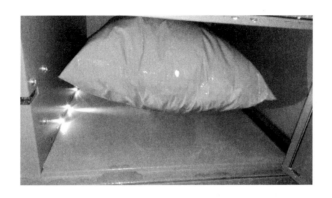

图 2-19　弹开箱格的门

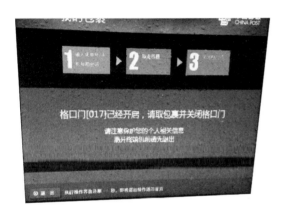

图 2-20　提示关闭格口

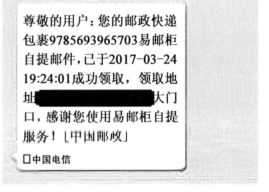

图 2-21　用户取件完毕

(11)用户签字。

第三节　派送后处理

一、派送信息复核

(一)派送信息复核的定义

派送信息复核是指快递员对快件的签收、无法派送快件的批注及应收款的收取等派送信息进行复核。

(二)派送信息复核的方法

派送信息复核时,必须进行逐票核对。逐票核对的方法:对照派送路单(派送清单)

逐票核对清点已签收快件与无法派送快件的数量是否与派送路单中快件的数量平衡;按顺序逐票核对已签收快件的签收批注和应收款的收取情况;逐票核对无法派送快件是否进行异常派送批注。

快递员会同处理人员对各业务种类的派送单、妥投快递运单及未妥投快件的件数、签收规格进行审核。

(三)派送信息复核的内容

(1)返回派送网点前,快递员应仔细检查派送车辆、快件背包、快件派送集装袋内有无遗漏未派的快件,见图2-22。快递员回班后,要将当班所有派送签收运单及未妥投快件一并带回操作现场进行整理。

图2-22 派件检查

(2)将派送签收运单按频次、快件种类整理,并再次查看签收、批注是否完整、规范、属实,做好检查记录。

(3)将未妥投的物品类快件与剔下的运单,按照快件号码及地址进行包、单贴合。

(4)妥投快件派送签收运单及未妥投快件整理完毕后,稽核查看是否与出班派送快件总数相符。

(5)如有不符,依据派送单的前后顺序查找缺失快件号码,回忆地址及派送情形,现场查证。

(6)核对快递运单上收件客户签收的名章与快件运单上的收件人名称是否一致,如不一致,确认是否错派快件。

(7)根据派送路单(或称派送清单)和其他应收款资料,核对到付款、关税、商检费、仓储费等应收款项是否足额收取。

(四)派送信息复核处理

1. 快件数量异常处理

如果已签收快件及无法派送的快件数量与派送路单快件数量不平衡,将手持终端(PDA)内已录入的派送快递运单号码及无法派送的快递运单号码与派送路单快递运单号码进行比对,确认数量不符的原因,将情况及时向派送网点主管人员汇报。

2. 遗漏未派快件的处理

(1)发现遗漏未派的快件,首先如实向派送网点主管及客服部门进行汇报。

(2)派送时限要求比较紧急的快件(如当日达快件),经派送网点主管准许后,及时派送快件,并向客户做好解释工作。

(3)下一个班次派送不会影响快件派送时限的快件,按滞留快件处理,在再派快件登记表(图2-23)上登记,于下一个班次进行派送。

再派快件登记表

序号	登记日期	快件号码	派送段	快递员	派送日期	频次	再派原因	再派时间	备注
1									
2									
3									
4									
5									
6									
7									
8									
9									
10									
11									
12									
13									
14									
15									
16									
17									
18									
19									
20									

图2-23 再派快件登记表

3. 签收批注异常情况处理

(1)错、漏批注证件号码。立即与客户联系,重新核实证件号码或补签有效身份证件号码。

(2) 错漏批注代收关系。立即重新批注代收关系,快递员不能正确批注时,与客户联系,确定准确代收关系。

(3) 客户签署名章不清。仔细辨认后用正楷字修正。

(4) 再派快件、网点自取快件未在手持终端(PDA)复核系统内批注时,应及时补录上传。

(5) 漏批快件改寄、退回原因。应立即与客户联系确定改寄或退回的原因,不得根据印象或想象随意补录。

(6) 错批或漏批无法派送的原因时,应立即在复核系统内进行正确补录上传。

4. 误派快件的处理

(1) 及时将情况向派送网点负责人汇报。

(2) 赶至错派客户处向客户致歉并说明错派的原因,尽力取回快件,送达正确的收件人。

① 取回快件。

尽快将快件派送给正确的客户。如果错派快件已被客户开拆的,需由快递员会同客户重新封装快件,批注误拆原因,并共同在重封处签字(章)证明。

② 无法取回快件。

首先通知客服部门,其次联系派送网点主管人员,反馈处理情况。

5. 错、漏收取应收款的处理

派送信息复核时,发现错、漏收取应收款项的情况,应立即与客户联系,真诚地向客户致歉并说明错、漏收取应收款的情况,争取客户的谅解与支持,约定款项结算时间。

二、无法派送快件处理

(一) 无法派送快件

快递企业应在派送前联系收件人,当出现快件无法派送情况时,应采取以下措施:

(1) 首次无法派送时,应主动联系收件人,通知复投的时间及联系方法,若未联系到收件人,可在收件地点留下派送通知单,将复投的时间及联系方法等相关信息告知收件人。

(2) 复投仍无法派送,可通知收件人采用自取的方式,并告知收件人自取的地点和工作时间。收件人仍需要派送的,快递企业可提供相关服务,但应事先告知收件人收费标准和服务费用。

(3)若联系不到收件人,或收件人拒收快件,快递企业应在彻底延误时限到达之前联系寄件人,协商处理办法和费用,主要包括:寄件人放弃快件的,应在快递企业的放弃快件声明上签字,快递企业凭放弃快件声明处理快件;寄件人需要将快件退回的,应支付退回的费用。

(二)无着快件

无着快件是指无法派送且无法退回寄件人、无法派送且寄件人声明放弃、无法派送且保管期满仍无人领取的快件。

1. 处理方式

快递企业应及时登记无着快件,并将无着快件每半年1次集中到省级邮政管理部门所在地或其办事处所在地,申请集中处理。

2. 期限

无着快件的信件,自快递企业确认无法退回之日起超过6个月无人认领的,由快递企业在邮政管理部门的监督下销毁。

无着快件的其他快件,自快递企业确认无法退回之日起超过6个月无人认领的,由快递企业在邮政管理部门的监督下进行开拆处理,不宜保存的物品除外。

3. 处置

对因寄件人或收件人信息缺失而导致的无着快件,能从拆出的物品中寻找收件人或寄件人信息的,应继续尝试派送或退回。除此之外,对于能变卖的物品,应交当地有关部门收购,价款上缴国库;不能变卖的,应按以下要求处置:

(1)存款单、存折、支票,应寄交当地人民银行处理,其他实名登记的有价证券,应寄往发行证券的机构处理。

(2)金银饰品,应由邮政管理部门指定的机构收购后,由邮政管理部门上缴国库。

(3)本国货币,应由邮政管理部门上缴国库,外国货币,应兑换成人民币后由邮政管理部门上缴国库。

(4)户口迁移证、护照和其他各种证件,应送发证机关处理。

(5)其他不能变卖的物品,根据具体情况,妥为处理。

三、单据整理及款项移交

到付款和代收款的移交,主要是指快递员将从客户处收取的到付款和代收款与快递企业财务人员之间进行交接的过程,见图2-24。

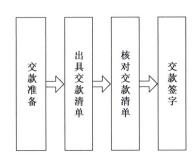

图2-24　款项交接流程图

(一)办理款项交接手续

快递员按时将所收的到付款和代收款与财务部门结清,不得延误。

1. 整理收款资料

快递员整理当班所派送快件的收款资料(如派送路单,或快递员自己抄写的到付、代收款明细表),备好当班收取的款项,包括现金和支票。

2. 出具交款清单

由财务人员向快递员出具其本人当班负责派送区域内,应收取的到付和代收款快件交款清单。交款清单内容包括:快递运单号、快件应收取的到付款或代收款、款项汇总等,该清单是财务人员向快递员收款的依据。

3. 核对交款清单

将快递员出具的交款清单应收款项逐一与快件收款资料的应收资费进行核对,如有差异,及时查清差异原因,进一步跟进处理。

4. 交款签字

按交款清单的款项总额移交现金和支票。移交支票时,需在交款清单中登记支票号码。款项移交完毕,核验无差错,交接双方在交款清单上签字。财务人员向快递员开具收款票据,证明已接收款项。

(二)款项差异处理方法

到付款和代收款与交款清单核对差异的处理方法如下：

交款清单与收款资料存在差异时,快递员可申请延迟办理交款手续,待差异原因核查清楚后再办理。延迟办理交款手续须经网点主管人员签字同意。具体方法是：

(1)先将营业款暂存财务部门,财务人员给快递员开具收款证明。

(2)核查差异原因。

①由于快递员将营业款丢失、忘记收取款项或自作主张允许客户赊欠等原因造成营业款差异的,按照交款清单移交营业款,差异部分由快递员承担。

②由于财务人员汇总或录入人员录入错误造成营业款差异时,应更改交款清单,按正确的金额办理交款手续。

四、派送环节客户投诉处理

(一)投诉注意事项

(1)与客户沟通时多用"不好意思""非常抱歉""对不起"等词语。

(2)无论受到的责难或批评都应该虚心接受,诚心对待;避免与客户争吵,引起升级投诉。

(3)要表现出对出现的问题高度关心,立即处理解决问题的姿态。

(4)避免以后出现同样的错误,把投诉当作提高工作能力的礼物。

(5)把自己处理完成的投诉当成案例,和工作伙伴分享,避免错误再次在他人身上发生,帮助他人成长。

(二)投诉种类及处理措施

1. 派送延误

因天气、交通拥堵、网络车晚点、派件过多等原因造成的延误,快递员应把实际情况与客户及时沟通,取得客户理解;对于有迫切要求的客户明确送达时间,优先派送。

因错送延误的,应首先向客户诚恳道歉,并及时取回,向客户明确送达时间。

针对延误的赔偿应为免除本次服务费用(不含保价等附加费用),由于延误导致内件直接价值丧失,应按照快件丢失或损毁进行赔偿。

2. 代冒签收

向客户诚恳道歉并核实快件是否属于合法代签收,对于合法代签收的,提交有效证据

(通话记录、短信信息等)给客户,并积极配合客户找回快件;若合法代签收产生的遗失、破损、短少等问题,明确向投诉解释责任不在快递公司。如核实确认属实,出现的一切快件后果均是派送公司的责任,并提供公司处理电话。对于未经过合法代签收的快件出现遗失、破损、短少问题,均按照对应的处理原则进行有效处理。

3. 损坏、短少

针对短少问题明确向客户赔礼道歉,与客户核实快件短少的情况,是签收之后发现短少,还是签收验货时发现的短少。如确认是正常签收之后发现短少的,则与投诉人核实签收经过是本人签收还是经过合法代签后发现内件不符,提供有效的签收合法性的证明,告知客户国家相关法律法规条款:"对于签收后提出快件损坏异议处理规定,快递公司不承担责任。"此时快递员应注意态度和言辞,获取客户理解。如快件在收件人签收验货时发现不符,则对接收件人落实验货当时的包装情况、短少物品名称、数量、价值(有效的价值证明),结合快件流程及时、主动与投诉人相互协商遗失理赔金额,并落实理赔金额到位。

快件损毁赔偿应主要包括:完全损毁,指快件价值完全丧失,参照快件丢失赔偿的规定执行;部分损毁,指快件价值部分丧失,依据快件丧失价值占总价值的比例,按照快件丢失赔偿额度的相同比例进行赔偿。

4. 门卫、物业等代收后遗失

积极配合客户找回快件,如无法找回,积极配合相关部门处理。

快件发生丢失时,应免除本次服务费用(不含保价等附加费用),此外,还应:对于购买保价的快件,快递企业按照被保价金额进行赔偿;对于没有购买保价的快件,按照《中华人民共和国邮政法》《中华人民共和国民法典》等相关法律规定赔偿;造成用户其他损失的,按照相关民事法律法规赔偿。

5. 错发件

针对错发问题明确分别向客户赔礼道歉,并及时跟进至正确目的地,将快件处理情况回访客户,争取收客户的谅解。

第三章
客户服务

第一节 客户开发

业务流程重组(BRP)创始人迈克尔·哈默有句名言:"所谓新经济,就是客户经济"。客户是企业最重要的资源,企业的各项工作都是围绕客户展开的。客户购买的不仅是产品或服务,更是购买了产品或服务所能带来的效用,即使用价值。客户购买了产品或服务后,如果所购买产品或服务给其带来的使用价值没有达到预期,客户往往会放弃购买或者转向企业的竞争对手。

一、快递客户的特点

快递客户是快递企业提供产品和服务的对象,具有数量多、种类广的特点。快递企业不仅面临制造企业,同时也面临贸易企业与航运企业,以及大量的中小型公司或散户的货代、小件包裹快递、航空快递,因此客户数量众多、种类广泛,客户的忠诚度和满意标准不同。总的来说,快递客户具有以下特点:

(1)注重快递企业品牌。市场营销专家菲利普·科特勒博士认为,品牌是一种名称、术语、标记、符号、图案或它们的相互组合。统计表明,80%的快递客户在使用快递服务时会根据快递企业的知名度选择相应品牌。客户利用品牌来区分不同快递企业的产品和服务。

(2)注重快递服务时效。快递服务国家标准规定,国内同城快递服务时限为24小时,国内异地城市为72小时。特殊快递客户对时限的要求可能会更高。快递服务按照承诺的时限制送信件或包裹,它连接着收件和寄件两端的客户,不管是收件的客户,还是寄件的客户,都非常注重快递服务的时效性。

(3)注重快递服务的安全性。快递客户在选择快递服务时,需要提供许多信息,如地址、电话、所寄文件或包裹的性质等,快递企业要对这些保密。快递客户要求交寄的物品在寄递过程中保持完好。这就要求快递客服人员要恪守职责,保守秘密,规范服务。

(4)希望享受便捷的快递服务。在生活、工作节奏加快的今天,快递客户要求能非常方便地把信件或包裹等物品通过快递企业快速传递到收件人手中,快递企业应在设置服务场所、安排营业时间、提供上门服务等各方面,满足客户需求。

(5)在选择快递服务时具有首轮效应心理。首轮效应也称为第一印象作用或先入为主效应,是指在个体社会认知过程中,"第一印象"最先获得的信息,会对个体以后的认知产生深远的影响作用。快递客户在选择快递服务时,第一印象作用强,持续的时间也长。一旦客户初次选择某企业的快递服务并享受到了优质服务后,一定会对该企业产生较好的印象,往往就会对该企业"情有独钟",长期使用该企业提供的服务。反之,如果客户接受的是差的快递服务,就可能会心存芥蒂,甚至会通过口碑效应把这种感受传给其他人。

二、快递客户分类

(1)根据客户与作业的关系分类,分为非客户、有潜力的客户、目标客户、现实客户、流失客户。

①非客户。这部分群体对快递业务没有任何需求,不能为企业提供任何价值,企业不必为此类客户花费任何精力。

②有潜力的客户。即潜在客户,这部分客户暂时没有快递业务需求,但随着企业规模扩大和业务开展,会逐渐产生快递需求。快递企业应根据自身企业特点向潜在客户进行宣传,这样当客户有了快递需求后便会转向快递企业。

③目标客户。企业在掌握了客户的资料后,从中筛选出能为企业创造较高价值的目标客户,通过电话、信函、拜访等方式宣传企业,进一步了解客户需求,尽力将这类客户变为现实客户。对于这类客户,要给予高度关心,准确掌握目标客户资料,制订合适的营销方案,有目标地进行访问,针对不同客户需求提供不同的产品和服务。可以从试发货开始,提供及时的路线跟踪,让客户感受到超值服务,并通过一次愉快的发货经历逐步将客户培养成为长期客户。

④现实客户。这类客户是客户管理中的重点客户,目的就是将重复购买产品和服务的人群转化为忠诚客户。

⑤流失客户。对于企业来说,开发一位新客户的成本是保持老客户的5倍,一位老客户能为企业带来25位新客户,一位不满意的客户会把他的不满告诉别的8~10人。流失一位长期客户,不仅仅失去这部分客户,损失了利润,还失去了与新客户交易的机会。对流失客户管理体现在两个方面:一是让客户感受到企业的关心,缓解客户的不满情绪,阻止客户散布有关企业的负面评价;二是获取客户流失的原因,及时改进,避免流失更多客户。

(2)按客户价值分类,可分为高端客户、大客户、普通客户。

①高端客户和大客户。是企业的管理重点,应提供高质量高效率的快递服务,建立详细的客户资料,不断迎合客户需求、开发新业务。花费更多的成本来维持与此类客户的关系。

②普通客户,即中小客户和散户。通过高质量的快递业务培养其忠诚度,并利用数量优势进行口碑营销,带来更多客户使用企业的产品和服务。

三、快递客户需求

(一)按照需求的共性与个性快递客户需求

(1)快递客户的普遍性需求。普遍性需求是一般快递客户都具有的需求,主要体现在客户对快递服务迅速、准确、安全、方便等方面的普遍性需求。

(2)快递客户的特殊性需求。不同客户由于其出发点不同,呈现出不同的特殊性需求,有些客户要求快递价格尽可能低,有些客户希望快递企业提供免费的上门取件服务,有些客户极其在意快件的安全性,有些客户希望快递尽可能快速,这主要是由于客户对快递服务各要素的重要性排序不同造成的。

(3)快递客户的个性化需求。随着经济社会发展和人民群众生活消费水平的提高,人们的消费观念日新月异,消费心理越发成熟,往往会根据自己的职业、个人爱好、经济承受能力等自身情况选择合适的产品。客户存在个性化需求,企业汇总客户需求,形成共性,提供个性化服务,是企业赖以生存的根本。

(二)快递客户需求的特点

快递客户需求反映快递客户的需求量与快递服务的价格、服务质量之间的关系,特点主要体现在以下几个方面:

(1)快递客户需求具有可扩展性。随着道路交通、运输设备和信息技术水平的不断发展,快递客户的需求也在不断提高。快递企业要适应新形势的发展需求,合理安排网络组织,扩大服务内容,优化产品结构,加强宣传,才能适应客户不断提升的服务需求,顺应市场发展。

(2)快递客户需求具有多层次性。快递客户需求的重点主次不一,有的注重服务,有的在意价格,有的更关注时效,还有的看中企业口碑,快递企业要结合自身条件,分清客户需求的层次和轻重缓急,逐步完善服务。要树立多层次服务理念,理清业务种类,开展多层次快递服务,加强与客户的沟通,了解客户想法,细分服务种类,调整营销手段和服务方式,满足不同客户的需求。

(3)快递客户需求具有可引导性。快递客户的需求并不是一成不变的,有些是必需的,有些则与社会环境有关,如经济政策的变动、营销活动的影响、广告宣传的引导等等,都能使客户的需求发生变化,潜在的需求也可能变成现实的需求。例如,在2020年2月新型冠状病毒疫情期间,快递取货由当面验收改为无接触式送货,也是客户需求导致的送货形式变化。快递企业可通过各种营销手段,正确引导客户需求,通过各种方式引导客户消费,此外,还要重视快递服务的包装、策划,形成亮点。

(4)快递客户需求具有分散性。快递服务具备明显的普通消费属性,其目标客户为"散户"特征非常明显,客户独立分散分布广泛。终端服务对快递企业至关重要,是取得市场地位和品牌优势的必要手段之一。

(二)快递需求的内容分析

在使用快递服务中,客户最关心的因素依次为:收发件速度、货物安全、保险售后、快递价格、个性化增值服务等。此外,客户对从业人员素质、信息化服务、行业监管机制、快递准入门槛、价格透明度甚至快递人员服务形象等也非常看重。

在收揽环节上,客户对收送货速度快、业务熟练的快递服务满意度较高;而对上门取件时间拖沓、收送货速度慢,有延误晚点现象的物流公司较为不满。

在运送范围上,客户对运送范围广、网点覆盖全面的快递公司较为满意。

货物安全方面,客户对快件外包装完好、没有缺损或丢失的快递较为满意;对私拆货物、货物破损、丢失的现象极不满意。

在运送价格上,客户对快递运费透明并且合理的快递公司满意度较高。

服务态度方面,客户对快递人员统一着装、礼貌态度和先验后签的服务比较满意。

售后服务方面,快递企业提供网络快件追踪、查询服务、履行保险、按标准赔偿等方面符合客户需求。

四、快递客户需求类别分析

快递客户根据客户性质可分为企业客户和个人客户,根据客户给企业带来的收益和价值分为高端客户、中端客户和大众客户,根据客户所在市场类型分为专业市场客户和中央商务区(CBD)客户。这几类客户的需求在快递客户整体群体中具有代表性。

(1)企业与中高端客户需求分析。这类客户在选择快递服务时,通常会考虑快递品牌、快递企业网络覆盖范围、增值服务、批量寄递快递价格、快递运输安全等因素。

①快递品牌。企业客户往往更注重所选快递企业是否与自身形象相匹配。

②网络覆盖范围。企业客户通常选择能覆盖自己业务范围的快递企业作为合作伙伴。

③增值服务。快递企业通常为企业与中高端客户提供如打印运单、保价运输、代收货款、短信服务、增设服务网点等增值服务,吸引客户保持合作关系。

④批量寄递快递价格。在同等服务基础上,优惠的价格也是保持合作的有利条件。

(2)专业市场客户需求分析。按照寄递物品种类,可将快递客户分为皮革市场客户、易碎品市场客户、电子产品市场客户、工业品市场客户、农产品市场客户等专业市场客户。寄递物品不同,考虑因素和产品特点也不同。

①皮革市场客户。看重皮革制品的安全、运送时限和运输安全,通常会做保价处理。

②易碎品市场客户。易碎品通常包括玻璃制品、陶瓷制品、家用电器等。在寄递时会要求快递企业确保寄递物品的完整。

③电子产品市场客户。这类客户通常对寄递时限和运输安全要求较高。

④工业产品市场客户。这类客户生产规模大,发货持续稳定,生产集中度高。

⑤生鲜市场客户。随着电子商务生鲜市场的逐步扩大,在全国各个大型蔬菜瓜果生产基地,都有快递企业与当地电子商务运营公司合作,将特色农产品发往全国各地。生鲜类产品保质期短,易腐烂变质,因此这类客户对运送时限要求较高。

(3)中央商务区(CBD)客户群需求分析。这类客户更注重服务细节,往往会了解快递收取和派送时限、报价、保险和理赔、跟踪查询等细节后才会购买服务,更看重物超所值,一旦其心理预期没有达到,可能会转向其他快递企业。

(4)普通大众客户需求分析。这类客户在快递服务需求上更看重价格、寄递速度和便利性,对品牌的选择相对不敏感。

第二节 客户维护

一、快递客户维护概述

(一)快递客户维护的含义

快递客户维护是指快递企业通过不同角度与快递客户进行深层次接触,分析快递客户需求,改善客户关系,创造客户价值的联络行为。快递客户维护的目的在于给客户提供优质的快递服务,提高客户的满意度,提升服务质量和品牌形象。

(二)快递客户维护的意义

(1)通过客户维护,可以提高客户服务水平,提升客户服务质量,为客户提供主动的客户关怀,根据客户个性化需求提供专业化、个性化的服务。

(2)通过客户维护,可以提高快递企业工作效率,创造客户价值。实现快递企业资源的集中管理和统一规则,实现企业内部的客户信息共享,提高企业员工工作效率,从而降低企业和客户的成本,实现客户和企业价值的最大化。

二、快递客户信息采集原则

(一)客户信息采集原则

准确收集和利用客户资料是企业在竞争中的制胜法宝,资料收集是企业进行客户服务的起点,也是非常重要的第一步,客户信息收集的质量(真实性、可靠性、准确性和及时性)决定了资料的经济价值。

(二)客户信息采集方法

1. 客户拜访

拜访客户时,要把握两个原则:一是尽可能使拜访行为自然适度,防止热情过度;二是不能干扰客户的正常工作和生活。

2. 电话调查

电话调查法是访问法中的一种间接调查方法,是指市场调查相关工作人员通过电话向被调查者进行问询,了解市场情况的一种调查方法。分为传统电话调查和计算机辅助电话调查。

3. 签收运单

签收运单属于交易终端信息采集,有助于采集到客户真实、准确、完整的信息。

(三)客户信息采集内容

(1)客户的习惯发件时间、包装要求、发件的主要目的地。

(2)客户的业务量、所寄快件的重量范围、每月的快递费用。

(3)客户选用快递企业标准的主导因素,如价格、时效性、安全性。

三、快递客户回访

快递客户回访是快递企业用来进行产品或服务满意度调查、客户消费行为调查以及客户维系的常用方法,客户回访是客户服务的重要内容,做好客户回访是提升客户满意度的重要方法。客户回访对于重复消费的服务企业来讲,不仅可以得到客户的认同,充分利用客户回访技巧,还可以创造客户价值。一般来说,客户对于具有品牌知名度或认可其诚信度的企业的回访往往会比较放心,愿意沟通和提出一些具体的意见。客户提供的信息是企业在进行回访或满意度调查时的重要目的。客户回访的目的在于提高服务质量,树立企业形象,促进与客户的信息交流。

(一)客户回访的作用

(1)了解客户需求。通过各种形式的客户回访,了解客户对企业的具体需求,熟悉客户需要,使产品和服务更契合客户需求,产生更多的重复购买。明确客户的需求才能更好地满足客户。特别是最好在客户需要找你之前,进行客户回访,才更能体现客户关怀,让客户感动。回访的目的是了解客户对企业有什么想法,继续合作的可能性有多大。回访的意义是要体现服务,维护好老客户,了解客户想什么,要什么,最需要什么,是售后服务再多一些,还是产品应该再改进一些。

(2)提高客户满意度。一般在客户遇到问题时、客户想再次消费时是客户回访的最佳时机。如果能掌握这些,及时联系到需要帮助的客户,提供相应的支持,将大大提升客户的满意度。

(3)增强客户忠诚。

(4)留住老客户,吸引新客户。通过客户回访等售后关怀来增值产品和企业行为,借助老客户的口碑来提升新的销售增长,这是客户开发成本最低也是最有效的方式之一。开发一个新客户的成本大约是维护一个老客户成本的6倍,可见维护老客户极其重要。

(二)客户回访的细则

(1)回访客户范围:快件已经正常签收的客户。

(2)回访频次:建议每周各网点2~3次为宜。

(3)回访方式:客户回访有电话回访、电子邮件回访及当面回访等不同形式。

(4)回访内容:快件是否及时、快递信息是否准确、是否本人签收、送货上门前是否有电话通知、快件包装是否有损坏、快递员态度是否良好。

(三)快递客户回访计划制订

(1)客户回访方案设计。

(2)回访方案实施。

(3)回访信息整理。

电话回访要将结果填入"客户回访记录表"(表3-1),在客户档案里存档,对于客户反馈的问题要及时解决,不能解决的问题按照公司正规方式进行反馈。

客户回访记录表 表3-1

客户名称:						
联系人:		职务:		联系电话:		
回访内容	1.客户信息方面					
	何时起与我公司进行合作:					
	经营产品类型:					
	主要发货线路:					
	2.总体服务方面					
	时效:					
	价格:					
	对我公司快递员的服务是否满意? □满意 □一般 □不满意					
	有何意见或建议?					
	对我公司客服人员的服务是否满意? □满意 □一般 □不满意					
	有何意见或建议?					
	对我公司取件员的服务是否满意? □满意 □一般 □不满意					
	有何意见或建议?					
	是否有其他的意见或建议?					

对于现场回访,回访工作人员必须准时到达回访地点。回访工作人员的语言行为、形体行为都必须要体现企业文化。在回访中,要认真处理客户的投诉、不满、疑惑等,应诚实、可信,并且对公司负责,对客户负责。回访工作人员要热情、全面了解客户的需求和客户对服务的意见,并认真填写"客户回访记录表"。回访工作人员必须要日清日结,对所回访的客户基本信息、产品需求、使用要求以及服务评价都要有书面记录,对于回访客户所提出的问题、建议都要有原始记录。

(4)撰写回访报告。

在结束回访的第二天,应根据"客户回访记录表"记录的回访过程和结果,对客户的回访过程和回访结果进行汇总和评价,形成"客户回访报告"。

(四)快递客户回访方案制订与实施(技能训练)

某快递公司为提升客户满意度,提高服务质量,由客户服务中心抽调10名专业客服人员成立客户回访小组,利用一星期时间抽取公司30个城市的100个营业网点进行客户回访,请设计回访方案并执行。

四、快递客户投诉处理

1. 客户投诉

客户投诉是指客户对企业产品质量或服务上的不满意,而提出的书面或口头上的异议、抗议、索赔和要求解决问题等行为。客户投诉的原因有可能来自快递公司提供的服务,也可能来自服务态度,投诉一旦出现,对于客户和快递公司,都不是一件愉快的事情。

不论是一线的快递员、管理人员,还是专职客户服务人员,在接到客户投诉时的处理原则都是一致的,主要目的在于使客户的投诉得到妥善的处理,在情绪上得到尊重。

2. 与客户的有效沟通技巧

沟通旨在更真实地了解客户的信息和客户的真实想法,进一步了解客户目前面临的问题和客户需求,排除实力较弱的竞争者,相对于较强的竞争者,取得更大的竞争优势。服务沟通的基本功包括:记住客户姓名、观察客户言行、倾听客户声音、注意谈话技巧、发自内心的微笑、做好后续服务等。

3. 客户抱怨与投诉处理的技巧

(1)识别客户抱怨与投诉的心理动机与需求,包括发泄的心理、尊重的心理、补救的心理。

(2)抱怨和投诉处理原则包括:正确的服务理念、有章可循、及时处理、存档分析。

(3)处理客户抱怨和投诉的步骤与技巧。

C——控制情绪(Control);

L——倾听客户诉说(Listen);

E——建立与客户共鸣的局面(Establish);

A——对客户的情形表示歉意(Apologize);

R——提出应急和预见性的方案(Resolve)。

(4)安抚客户的常用语。

"我们非常理解……"

"如果我是您,也一定会这样认为。"

"确实是由于我们在工作中出现了疏忽,给您带来了这么多麻烦,非常抱歉。"

"如果您能告诉我们您的具体要求,我们会认真考虑的。"

"非常抱歉,您的问题我们一定会尽最大努力帮助您解决。"

"相信您和我一样希望问题得到妥善解决。"

"您希望我怎样帮您?也许我可以给您更好的建议。"

4. 客户投诉处理的一般流程

(1)要有效倾听客户的不满陈述。为了让客户心平气和,在有效倾听时应做到下列事项:倾听客户投诉;表示抱歉;提供解决方案;执行解决方案;投诉处理结果总结。一是让客户先发泄情绪。当客户还没有将事情全部述说完毕之前,就半途打断,做一些言词上的辩解,只会刺激对方的情绪。假如能让客户把要说的话及要表达的情绪充分发泄,往往可以让对方有一种较为放松的感觉,心情上也比较平静。二是善用自己的肢体语言,并了解客户目前的情绪。在倾听的时候,应以专注的眼神及间歇地点头来表示自己正在仔细地倾听,让客户觉得自己的意见受到正视。同时也可以观察对方在述说事情时的各种情绪和立场,以此来决定以后的应对方式。三是倾听纠纷发生的细节,确认问题所在。倾听不仅只是一种动作,还必须了解事情的每一个细节,然后确认题目的症结所在,并利用纸笔将题目的重点记下来。假如对于投诉的内容不是十分了解,可以在客户将事情说完之后再问对方。不过在这个过程中,一定不能让客户产生被质问的印象,而应以婉转的方式请对方提供情况,例如:"很抱歉,有一个地方我还不是很了解,是不是可以再向您请问有关……的题目"。并且在对方说明时,随时以"我懂了"来表示对问题的了解状况。

（2）表示道歉。不论引起客户不满的责任属于哪个部门，假如能够诚心地向客户抱歉，并对客户提出的问题表示感谢，都可以让客户感到自己被重视。事实上，假如没有客户提出投诉，也就不知道有哪些方面的工作有待改进。一般来说，客户之所以投诉，表示他关心这家企业，愿意继续与之合作，并且希望这些问题能够获得改善。因此，任何一个客户投诉都值得抱歉并表示感谢。

（3）提供解决方案。所有的客户投诉都必须提供问题解决方案，在提供解决方案时应注意以下几点：

一是掌握问题重心，分析投诉事件的严重性。通过倾听将问题的症结予以确认之后，要判断问题严重到何种程度，以及客户有何期望。这些都是处理人员在提出解决方案前必须考虑的。例如，客户对于配送时间延迟十分不满，进行投诉。就必须先要确认此行为是否已对客户造成经营上的损失，若是希望赔偿，其方式是什么，赔偿的金额为多少，这些都应该进行相应的了解。

二是按照公司投诉处理办法和《快递市场管理办法》《中华人民共和国邮政法》规定处理。

三是确定处理者权限。有些投诉可以即时处理，当超出处理者权限时，必须向上一级报告，以避免客户投诉升级。

（4）让客户认同解决方案。处理人员所提出的任何解决办法，都必须亲切诚恳地与客户沟通，并获得对方的同意，否则客户的情绪还是无法恢复。若是客户对解决方法还是不满意，必须进一步了解对方的需求，以便做新的修正。有一点相当重要：对客户提出解决办法的同时，必须让对方也了解物流部门为解决问题所付出的诚心与努力。

（5）执行解决方案。双方都同意解决方案之后，必须立即执行。如果不能当场解决或者权限之外的问题，必须明确告诉客户解决问题所需的流程和手续，并及时了解处理过程，直至投诉完全处理完成。

（6）投诉处理结果总结。每一次的客户投诉，都要做好书面记录。对于经常性发生的投诉应追查问题根源，以改进现有作业或制订处理办法；偶发性投诉事件也应制订相应规定，作为将来处理类似问题的依据。

5. 快递客户投诉处理原则

（1）预防原则。企业加强管理，提高员工的整体素质和业务能力，杜绝可能产生的投诉问题，减少客户不满意，从而减少投诉。

（2）及时原则。客户投诉处理要迅速，问题解决越慢就越会激发客户的愤怒，也会使客户的想法变得顽固而不易解决。投诉问题的处理必须及时、快速,减少客户不满意的时间,使客户尽早得到满意的答复,这是投诉产生后最重要的处理原则。

(3)责任原则。投诉问题责任到部门,责任到人,避免类似问题重复发生,同时使投诉问题得到最妥善的处理,令客户满意。

(4)记录原则。对投诉问题有效管理、建立相应的管理资料库并及时回访,是客户尽早消除误会,给客户树立良好的企业形象。每一起客户投诉都需要在CRM系统中详细记录投诉内容、投诉处理过程、投诉处理结果、客户反馈等信息。

五、快递客户投诉处理要领

处理客户投诉最重要的一件事,就是要让每一个投诉事件的处理方式具有一致性。如果同一类型的客户投诉,因为处理人员的不同而有不同的态度与做法,势必让客户丧失对这家企业的信心。客户投诉的方式不外乎电话投诉、信函投诉、当面投诉这三种方式。依据客户投诉方式不同,可以分别采取下列行动:

1. 客户电话投诉的处理

(1)倾听对方的不满,考虑对方的立场,同时利用声音及话语来表示对其不满情绪的支持。

(2)从电话中了解投诉事件的基本信息。

(3)如有可能,把电话的内容予以录音存档,尤其是特殊或涉及纠纷的抱怨事件。

2. 信函投诉的处理

(1)立即通知客户已经收到信函,表示诚恳的态度和解决问题的意愿。

(2)请客户告知联络电话,以便日后的沟通和联系。

3. 当面投诉的处理

(1)用上面所说到的"抱怨处理步骤"妥善处理客户的各项投诉。

(2)各种投诉都需填写"客户投诉记录表"。对于表内的各项记载,尤其是名称、地址、联络电话以及投诉内容必须复述一次,并请客户确认。

(3)所有的投诉处理都要制订结束的期限。

(4)必须掌握机会适时结束,以免因拖延过长,浪费了双方的时间。

(5)客户投诉一旦处理完毕,必须立即以书面的方式通知对方,并确定每一个投诉内容均得到解决及答复。

(6)谨慎使用各项应对措辞,避免导致客户再次不满。

六、客户投诉处理的通报与训练

俗话说:"预防胜于治疗"。除了必须对投诉事件制订处理的作业原则与要领之外,还须将每个投诉的处理以各种渠道进行通报,并进行有计划的训练,让所有员工了解必要的事项,达到有效减少客户投诉的目的。

1. 客户投诉处理的通报

所有投诉事件处理完毕之后,客户服务人员都应将记录表妥善填写并予以整理归纳,分析客户投诉发生的原因、处理的得失、注意的事项,确定奖惩、改进的办法,然后有效地通报至每一位员工。

2. 处理客户投诉能力训练

处理客户投诉的能力与投诉事件是否得以有效解决有相当大的关系。为此,要对员工进行相应服务技巧的培训,使之真正具备高超的行业素质,促进整体工作的提高和改善,投诉训练内容有:

(1)面对客户投诉的基本理念及处理投诉的原则。

(2)既定的投诉处理办法以及相关的客户服务原则。

(3)认识常见的客户投诉项目。

(4)熟悉各种投诉方式的处理要领。

(5)熟悉各种应对用语。做好投诉处理工作,掌握处理技巧,其目的不仅在于减少投诉的发生,更重要的是要借每一次投诉的处理来提升企业的业务水平。

参考文献

[1] 中华人民共和国人力资源和社会保障部.国家职业技能标准——快递员:2019年版[M].北京:中国劳动社会保障出版社,2019.

[2] 中华人民共和国国家标准.GB/T 27917.1—2011 快递服务 第1部分:基本术语[S].北京:中国标准出版社,2012.

[3] 中华人民共和国国家标准.GB/T 27917.2—2011 快递服务 第2部分:组织要求[S].北京:中国标准出版社,2012.

[4] 中华人民共和国国家标准.GB/T 27917.3—2011 快递服务 第3部分:服务环节[S].北京:中国标准出版社,2012.

[5] 中华人民共和国邮政行业标准.YZ 0149—2015 快递安全生产操作规范[S].北京:人民交通出版社股份有限公司,2016.

[6] 国家邮政局职业技能鉴定指导中心.快递业务员(中级)快件收派[M].北京:人民交通出版社,2011.

[7] 国家邮政局.快递业务概论[M].北京:人民交通出版社,2011.

[8] 梁华.快递人员业务实操速查手册[M].北京:人民邮电出版社,2010.

[9] 徐家祥.速递业务员[M].北京:人民邮电出版社,2005.

[10] 张剑.邮件分拣员[M].北京:人民邮电出版社,2005.

[11] 朱培生.邮件转运员[M].北京:人民邮电出版社,2005.